Perle 3

Collana diretta da Rosalba Manes - Luca Pedroli

AF786806

Per dialogare con gli autori: collanaperlegbpress@gmail.com

Milvia Spadi – Roberto Vignolo

LA VIOLENZA

BIBBIA E CRONACA IN DIALOGO

G&BPress
Pontificia Università Gregoriana
Pontificio Istituto Biblico

Progetto grafico: Yattagraf srsl

© 2022 Gregorian & Biblical Press
Piazza della Pilotta 35, 00187 - Roma
www.gbpress.org - books@biblicum.com

ISBN 979-12-5986-**004**-0

Finito di stampare nel mese di settembre 2022
presso Printbee.it (Noventa Padovana - PD)

DALLA PARTE DI ABELE
– senza offesa per Caino

Roberto Vignolo

10.32060/Perle.3.5-51

I

UN EQUIVOCO DEL PROFETA SAMUELE

Racconta Martin Buber (1878-1965) di un suo illuminante incontro con un correligionario ebreo, timorato di Dio e scrupolosamente fedele alla sua legge. Il loro dialogo verteva intorno a questioni bibliche rilevanti per la fede.

A un certo punto, non si sa bene come, vennero a discorrere della tragedia di Saul che, appena unto dal profeta Samuele quale primo re sugli israeliti, si vede quasi immediatamente detronizzato dal Signore per voce dello stesso Samuele (1Sam 15).

La sua colpa? Una pietà disobbediente, quella cioè di aver risparmiato la vita al capo degli Amaleciti – nemici storici di Israele fin dai tempi del deserto (Es 17,8-16; Nm 14) – il re Agag, insieme al suo miglior bestiame, e quindi di aver apertamente trasgredito il comando di Dio contravvenendo al cosiddetto *ḥerem*, cioè all'ordine di votare all'annientamento totale il popolo nemico sconfitto e tutti i suoi beni – in omaggio esclusivo al proprio dio che ha concesso vittoria. Questo tabù dello sterminio totale di vite umane e animali era un'usanza diffusa nel Vicino Oriente Antico, come attesta la famosa *Stele di Mesha* (840 a.C. ca), re moabita che si vanta di avere votato allo *ḥerem*, la città israelita di Nebo, in onore di Kamosh, la divinità di Moab.

Una volta notificata a Saul la sua deposizione per volontà del Signore, ecco che sempre lo stesso profeta Samuele si fa condurre il re Agag. Incatenato, ma felice di essere insperatamente scampato allo sterminio rituale, questi gli dichiara: «Certo, l'amarezza della morte è passata!».

E, per tutta risposta, senza batter ciglio Samuele lo fa «uccidere» – o addirittura «squartare»? Il verbo in questione è un *hapax legomenon*, di difficile traduzione – «davanti al Signore, in Galgala» (1Sam 15,33).

«Non ho mai potuto credere che questo fosse un messaggio di Dio» – dichiarò Buber al proprio interlocutore con franchezza, meglio precisando: «Io credo che Samuele abbia male interpretato le parole di Dio».

Visibilmente scandalizzato e perplesso, il suo interlocutore all'inizio taceva.

E però, andò pian piano rasserenandosi, fino a convincersi e concludere di poter anch'egli condividere appieno questo giudizio.

«Niente può indurmi a credere in un Dio che ha punito Saul perché non ha ucciso il suo nemico» – commenterà Buber a distanza di anni. «E però ancor oggi» – conclude – «non posso far a meno di leggere il brano che racconta quell'episodio con timore e tremito. E non solo quel passaggio. Sempre, quando mi trovo a tradurre o interpretare un testo biblico, lo faccio con timore e tremito, in una sospensione ineluttabile tra la parola di Dio e le parole degli uomini».

II

LA BIBBIA? TROPPO VIOLENTA!

In verità, per essere onestamente consequenziali rispetto alla posizione di Martin Buber, dovremo allora riconoscere che, nella Bibbia, il profeta Samuele, in quanto da lui stimato cattivo interprete della volontà di Dio, non potrà dirsi una rara eccezione – non è proprio l'unico a sbagliarsi, anzi lo si direbbe piuttosto in larga compagnia.

Un attendibile conteggio di Raymund Schwager (1935-2004), gesuita e teologo elvetico tra i primi a sollevare il problema negli anni '70 – citato da quasi tutti gli studi degli ultimi cinquant'anni sul tema della violenza nella Bibbia – annovera ben seicento episodi di annientamento tra popoli e individui, oltre a un migliaio di situazioni in cui Dio scatena la sua ira devastante, nonché più di cento casi in cui Dio stesso intima di uccidere qualcuno – come nel caso del nostro povero re Agag. Per non parlare della violenza sulle donne – una situazione a tutt'oggi sempre più abnorme e parossistica, non solo europea, visto che in Africa e nel sud est asiatico parrebbe andare anche peggio – biblicamente ben documentata (Gen 34; Gdc 11; 19; 2Sam 13; Am 1,13; 2,7; Gv 8…).

Insomma, nella Bibbia la violenza sarebbe di casa, addirittura più intensamente d'ogni altra pratica di noi umani. Quantomeno comprensibile, quindi, che qualcuno se ne scandalizzi fino al punto di rifiutarsi di leggerla, proprio perché la Bibbia è violenta, troppo violenta – come, per esempio, si sente riferire riguardo a una donna dello spessore di Giulia Maria Crespi (1923-2020) – nota imprenditrice, editrice, fondatrice del FAI.

III

«ANCHE SE NON LA LEGGI, TU SEI NELLA BIBBIA»

Non diversamente da tutta la nostra vita ordinaria, nei tempi feriali e festivi, sugli orizzonti di larga scala mondiale, come su quelli più prossimi, perfino domestici, spalmati sugli episodici tempi quotidiani, come su quelli più lunghi, epocali, talvolta tragicamente intrecciati tra loro – effettivamente la Bibbia trasuda violenza. Converrà però anzitutto ponderare a dovere questa per certi versi speculare analogia. E – rispetto all'immediato raccapriccio per tanta magmatica violenza aleggiante nel libro sacro – chiedersi se non sia saggio un cambio di prospettiva, assumendo un diverso e più congruo paradigma – un passo indietro e al tempo stesso uno sguardo in avanti.

Si tratterà allora, senza perdere d'occhio la violenza, di lasciar parlare la Bibbia per quanto effettivamente ha di più specifico, ripartendo anzitutto dall'elementare quanto cruciale domanda: «cos'è la Bibbia?», «cos'ha mai propriamente da dire?». Bisognerà considerare se essa non sia semmai solo un aspetto da integrarsi entro il maggior e più profondo scandalo del suo più proprio messaggio salvifico.

In altre parole, c'è un equivoco – per lo più tacito, che enfatizza questa pur legittima immediata repulsione, deformandola fino a farla diventare pretestuosa – che va invece dissipato. E cioè, la Bibbia non va letta come fosse un libro edificante – e nemmeno come un catechismo – e neanche come un codice di moralità. Non va livellata a nessuno di questi generi di letteratura, dai quali, legittimamente, si potrebbe pretendere una tassativa astensione e proscrizione da violenza.

Resta pur vero che con tutti questi generi di letteratura, la Bibbia ha di certo pur *qualcosa* da spartire. Parla, infatti, dei contenuti di fede, di cui si occupano i catechismi – addirittura è essa stessa *regula fidei* –; come pure parla di spiritualità – la letteratura di edificazione oggi tornata alla ribalta *intra et extra ecclesiam* –; nonché ha parole fuor di dubbio decisive nell'istruirci circa il bene e il male, secondo l'istanza irrinunciabile di ogni etica e morale.

Tuttavia, in primo luogo, la Bibbia è *Sacra Scrittura* – ovvero *ben altro e ben di più* di tutto questo – un documento storico-letterario che resiste a qualunque troppo diretta e generica assimilazione. In quanto Sacra Scrittura, è infatti soprattutto testimonianza originaria e congiunta in subordine alla rivelazione e alla salvezza che il Dio d'Israele vuole per tutti in Cristo e nello Spirito – così quantomeno secondo una teologia che si voglia cristiana.

Sulla scia del Concilio Vaticano II, un importante documento della Pontificia Commissione Biblica del 1993, l'ha definita come «rivelazione attestata», libro sacro, ispirato e canonico, che ci restituisce la verità che ci salva, o, più precisamente, tutta quella verità che Dio ha voluto consegnarci, perché utile e indispensabile alla nostra salvezza, e che include tanto di diagnosi e di terapia orientate a questo scopo – la *veritas salutaris / nostrae salutis causa* (*Dei Verbum*, 7.11), «la verità che ci salva – la verità funzionale e finalizzata alla nostra salvezza».

La Bibbia è quella variegata e singolare biblioteca che – distendendosi tra *Genesi* e *Apocalisse,* tra il principio (*protologia*) di Dio che crea il cielo e la terra, e il pieno compimento finale (*escatologia*) di cieli nuovi e terra nuova – avanza l'immane pretesa di ospitare tutto e tutti, ma proprio tutti, senza eccezione. Non però nei termini di come *noi idealmente* ci *vorremmo* – bensì fotografandoci proprio tali e quali siamo; e, al tempo stesso, sperandoci in qualche modo rinnovabili, *ovvero così come effettivamente potremo essere e come saremo* per dono di Dio (1Gv 3,2). Per questo la pagina biblica può individuarci come umanità perennemente in bilico, oscillante da una parte tra il realismo più crudo, anche più efferato e degradato; e, dall'altra, quale umanità trasfigurabile, suscettibile della promessa e speranza più ardite per cui Dio ci viene incontro, chiamandoci suoi discepoli, ospiti, commensali – tutti figli e fratelli.

Ecco perché la Bibbia non si vergogna di includere tanta scandalosa violenza – anche la più aberrante, quella scatenata e istigata in nome di Dio. Non tanto per fomentarla o giustificarla – come ripetutamente avvenuto, prevaricando nella teoria e nella prassi –, ma semplicemente perché la parola di Dio sta *veramente* parlando di noi, con noi, per noi. Sicché, insieme a schiette diagnosi della nostra violenza, ci fornisce pure adeguate terapie liberatorie, alternative.

Non ci sarà allora più di tanto conveniente calarci nel ruolo di anime belle, che richiudono la Bibbia, inorridite per la violenza. Meglio ricordare la limpida parola di Elias Canetti (1905-1994): «anche se non la leggi, tu *sei* nella Bibbia». Meglio allora riconoscere: *meno male* che nella Bibbia si parla di violenza, perché questo è segno che comunque essa parla *veramente* di noi! E questo fa nei termini effettivi e sostanziali di uno scandalo ulteriore, rivelativo e salvifico. Certamente anche in tal senso, il grande teologo Karl Barth (1886-1968) soleva raccomandare di aprire la Bibbia in concomitanza (e non solo in dialettica) rispetto al giornale quotidiano.

IV

IN ASCOLTO DI ABELE

Chiunque ci provi, ammetterà di aver durato qualche fatica a leggere l'intenso e duro *report* di Milvia Spadi, che troverà di seguito in questo volumetto a quattro mani. Esemplari per etica professionale, senza andar a caccia di ambigue e sbavate emozioni, del tutto esenti da protagonismo, come del resto vuole l'autentica empatia, queste pagine asciutte grattano il fondo del barile più oscuro della nostra condizione umana e situazione attuale. E lo portano a galla, di volta in volta riferendo delle tragedie perpetue dei migranti, della violenza sulle donne, nonché della sempre più sofisticata e articolata delinquenza, ordinaria o terroristica che sia.

Severo, e men che mai neutro, questo resoconto di multiforme violenza da cima fondo è tutto ispirato all'ascolto, diretto e precipuo della voce delle vittime.

«Nessuno tocchi Caino!», si è spesso – e a ragione – sentito ripetere in questi anni. Però, possibilmente – ad *ancor maggior* ragione – guai a chiunque si accanisce contro Abele! E, quando purtroppo Abele torna a patire violenza, in tutti i casi gli si presti soccorso, se ne prendano le difese, ci si ponga in ascolto di quel grido cui il Dio biblico non è sordo –: «Che hai fatto? La voce del sangue di tuo fratello grida a me dal suolo!» (Gen 4,10; cf Eb 12,24). «O terra, non coprire il mio sangue!» (Gb 16,18) – invoca a propria volta Giobbe, protestando al cielo e ai suoi tre amici accusatori l'ingiusto e incomprensibile eccesso del dolore innocente – proprio e universale.

In verità, sommersi come siamo dalla Babele della rete mediatica, riesce difficile prestare qualche ascolto a questo grido. Fatichiamo non poco a metabolizzare come si dovrebbe l'enorme cumulo di violenza, che quotidianamente i notiziari ci scaricano addosso – una violenza divenuta talmente ossessiva, ripetitiva, e seriale al punto di saturarci fino a spegnerne in noi un'adeguata, dignitosa percezione. Qui come mai ha ragione Thomas Eliot, nei suoi *Quattro Quartetti*: «*Human kind cannot bear very much reality*» – un tasso troppo alto di realtà, ci risulta perfettamente indigesto. E se poi questa realtà in eccesso si chiama *violenza*, ecco che ai nostri occhi, per istintiva autodifesa, finirà per appannarsi e molto rapidamente cadere lontano dalla nostra coscienza, dal momento che più di tanto non ne potremo reggere.

Milvia Spadi sfida questo nostro obnubilamento – censura, o rimozione, o «forclusione» che sia. Prova a restituirci una puntuale e consapevole percezione di questo eccesso di violenza in un concentrato ad alta definizione, che si fa comunque leggere d'un fiato. Nonostante l'impegno richiesto, difficilmente noi lettori riusciremo a interromperne la lettura, staccandoci dall'impatto di questo sofferto filo rosso, intrecciato in ascolto di tante voci di Abele.

Proprio in quanto ascoltate, queste voci si concatenano e compattano. Mantenendo tutte la loro singolarità, si configurano bene insieme; diventano testimonianze paradigmatiche, e quindi in certo qual modo elette e rappresentative, rispetto all'immensa folla *paziente* – nel senso più letterale della parola – dei più, che ci resteranno fatalmente anonimi, ignoti e silenti ai nostri orecchi. Quelle qui raccolte risuonano ovviamente come un minuscolo coro in rappresentanza di un concerto incommensurabile di voci, che nessuno potrebbe mai raccogliere – se non Dio solo. E, comunque, al presente, neanche Dio ci riuscirebbe. Non a caso, si è riservato l'ultimo giorno, quando si deciderà a confiscare alla Terra e al Mare l'intero loro bottino di morti (Mt 27,51-53; Ap 20,13), e sui morti e sui vivi lui solo si vorrà pienamente il Signore (1Ts 4,13-18; Rm 14,7-9) – «perché Dio sia tutto in tutti» (1Cor 15,28).

V

QUANDO DIO COOPTA LA VOCE DISPERATA

Vera e propria arte della vita e forma della fede – che affratella molteplici competenze, pratiche, professioni – l'ascolto è infatti la prima e più elementare forma di risarcimento, il minimo sindacale della giustizia riparativa da offrire a chi di violenza è vittima. Parte integrante e perfino eccellente della cura delle ferite subite, restituisce quella dignità e quel diritto d'esistere – che proprio la violenza le voleva negare.

È proprio quanto ancora Giobbe spererebbe ottenere dai suoi tre amici – «ascoltate bene la mia parola e sia questo almeno il conforto che mi date!» (Gb 21,2), una speranza che in realtà parrebbe del tutto illusoria: «Oh, avessi uno che mi ascoltasse!» (31,35). E per lui sarà così, almeno fino a quando Dio in persona uscirà dal proprio silenzio e gli risponderà (38,1–42,6). Non gli darà spiegazioni razionali delle sue sofferenze, ma gli parlerà faccia a faccia. E, soprattutto, gli riconoscerà che – nonostante qualche intemperanza verbale (38,1ss.) e qualche ingenuità di troppo (40,7-14) – la sua straziante e provocante protesta, oscillante tra bestemmia e preghiera, ha prodotto parole ben più sensate e affidabili di quelle dei tre suoi amici, improbabili avvocati di Dio. Per l'unica volta nel libro, Dio si arrabbia – ma, a sorpresa proprio contro di loro, e non contro Giobbe: «La mia ira si è accesa contro di te e contro i tuoi due amici, perché non avete detto di me cose rette come il mio servo Giobbe» (42,7).

Sicché Dio placherà la sua ira contro loro tre solo per riguardo a Giobbe – «il mio servo Giobbe» – e cioè una volta che Giobbe, con ancora addosso tutte le sue piaghe, vorrà comunque intercedere a loro favore (42,8-9).

Sì, nella sua pur un po' scomposta afflizione – così dice Dio – il Giobbe ribelle (Gb 3–31), rispetto a quei tre che si sono autonominati difensori di Dio, ha pronunciato parole «vere, sincere, fondate (*nekonà*)»! Così Dio in persona inaspettatamente dichiara di riconoscersi, nell'insieme, interpretato più correttamente proprio da chi, sotto il peso di tanta eccessiva sofferenza, ha avuto il coraggio di contestarlo/invocarlo – non altrettanto dagli amici che lo difendevano – che mai l'hanno invocato, limitandosi a discettare su Dio. Di Giobbe quindi Dio approva l'alterno miscuglio di rivolta (più esplicita) e di speranza (più implicita) quale linguaggio in qualche modo adeguato per parlare a lui e su di lui nell'eccesso della sofferenza, e sotto il peso della violenza. La doglianza più desolata, e la ferma ribellione contro ogni giustificazione colpevolistica dell'eccesso di male – ecco allora i due grandi polmoni di speranza biblica (Rm 15,4), il cui respiro nel libro di Giobbe si dimostra capace di interpellare Dio. E non solo perché Dio, infine, vi risponde direttamente – *a riprova che solo una sua risposta personale a chi soffre in eccesso potrà risultare in qualche modo per lui decisiva* («Tu sai! Tu puoi tutto, e nessun progetto per te è impossibile…!»: Gb 42,2 – traduco con il *ketiv*). Ma anche perché – sia pur con qualche riserva (Gb 38,14; 40,7-14) – la voce stessa divina ultimamente finisce per identificarvisi mentre la voce disperata di Giobbe riecheggiava, cooptandola quindi infine in tutta la sua desolazione.

Ne consegue, allora, che – almeno tendenzialmente e di riflesso – Dio medesimo va riconosciuto lui stesso parlante e rivelantesi già nel grido di Giobbe, oscillante tra accusa, bestemmia, preghiera. Sicché questi non appare più costituito solo quale destinatario di una rivelazione finale, quale *happy end* del libro, ma fin dall'inizio, come suo segreto e involontario portatore, mediatore inconsapevole, sempre tale agli occhi di Dio – che, dall'inizio alla fine, non a caso lo stima quale «il mio servo Giobbe» (1,8; 2,3; 42,7-8), tale non solo nel tempo felice della sua vita benedetta, ma anche nell'enigmatica oscurità della sofferenza per il troppo male patito.

Guardando l'intera storia di Giobbe in retrospettiva, già nella sua dolorosa domanda apparentemente inascoltata si prefigura l'evento rivelatore. E così siamo sollecitati a riconoscere che la voce di Dio non risuona solo a partire dal momento in cui egli esce dal proprio silenzio (38,1ss.), ma – paradossalmente – già a partire dall'atto stesso con cui Giobbe in totale *parrhesia* malediceva la propria nascita (Gb 3; cf Ger 20,14-18), e in seguito denunciava come intollerabile il silenzio del suo Creatore (Gb 7). Dio si vuole riconoscibile già presente nel nascondimento del suo silenzio, nel negativo tutto espressionista dell'urlo di Giobbe, non meno di quanto lo sia nella sua imponente – e molto barocca – teofania conclusiva concessagli (Gb 38–42).

Per una teologia cristiana, non è difficile vedere qui un'anticipazione della parola e della sapienza del Cristo crocifisso (1Cor 1,18-25; 2,1-5) – del resto la tradizione ha sempre riconosciuto nelle figure di Giobbe e del Servo del Signore (Is 52–53) una chiara prefigurazione cristologica, un'anticipazione necessaria alla coscienza e alla missione rivelatrice e salvifica di Gesù. «A gran voce» invocando Dio nella sua *mors turpissima crucis* con il Sal 22,2ss.

(«Dio mio, Dio mio, perché mi hai abbandonato?»), e lanciando infine (sempre «a gran voce») un potente grido inarticolato, Gesù produce agli occhi del centurione pagano la scandalosa rivelazione di Dio nel Figlio crocifisso, che la non meno scandalosa risurrezione, in anticipo su tutte le migliori speranze giudaiche, rivelerà in tutto il suo spessore (Mc 15,33-39; 16,6). E lo fa attestando quel misterioso silenzio di Dio dopo tre ore di tenebra come perfetto compimento della sua più vera e adeguata parola.

Meriterà osservare, tuttavia, come passione e morte di Gesù invertano perfettamente la sequenza delle tappe che scandiscono il dramma di Giobbe. Questi giunge a riconoscere l'onnipotenza buona di Dio (Gb 42,1-6) solo *dopo* la lunga precedente desolazione (Gb 3–7; 29–31), e in seguito all'esplicita risposta finale di Dio (38,1–40,2; 40,7–41,26). Al contrario, per Gesù, disinvolto messaggero dell'incalzante e imminente regno di Dio (Mc 1,14-15), la radicale fiducia nell'onnipotenza univocamente buona del Dio che lui si permette di chiamare *Abbà*, «papà mio» (Mc 14,32-42), diventa il punto di partenza per affrontare l'agonia del Getsemani. E, tuttavia, nemmeno lui, il Figlio (Mc 1,11; 9,7; 12,6), non potrà sottrarsi all'abbandono più desolato sulla croce (Mc 15,33-39; cf Sal 22,2), che – immediatamente quanto misteriosamente – diventerà tuttavia in sé e per sé evento ancor più rivelativo agli occhi di chi presiedette all'intera sua consegna ed esecuzione capitale (Mc 15,39).

Tornando ancora a Giobbe, le sue parole amare e resilienti nel momento in cui sono cooptate da Dio stesso, trovano insperato compimento di quel desiderio con cui Giobbe auspicava per loro il destino di una scrittura imperitura – una sorta di *monumentum aere perennius* – perché l'eccesso della propria sofferenza non svanisse come polvere al vento, ma gli fosse concessa un'incisione indelebile:

> «Oh, se le mie parole si scrivessero, se si fissassero in un libro,
> fossero impresse con stilo di ferro e con piombo,
> per sempre s'incidessero sulla roccia!» (19,23-24).

Ribadiamolo: è anzitutto l'ascolto a valere come primo fondamentale riconoscimento dell'altro, tanto più se sofferente e innocente. E somma dignità della scrittura è di raccogliere la sofferenza e lenirla strappando la sua voce all'evanescenza e all'anonimato – poiché «la carta ascolta tutto» (Edith Bruck), e ogni scrittura è così la giusta «vendetta di una mano mortale» (Wislawa Szymborska).

Non per niente il libro di Giobbe è diventato la cassa di risonanza di ogni sofferenza in eccesso, capace di trasformarsi in grido – il male che si trasfigura e si autotrascende in dolore – come ripeteva volentieri l'ultimo Luigi Pareyson (1918-1991), eminente tra i nostri pensatori contemporanei. E non a caso la voce poetica e filosofica di Margarete Susman (1872-1966), scampata alla furia hitleriana, ha notoriamente riconosciuto proprio in Giobbe una cifra del terribile destino del popolo ebraico sottoposto alla *Shoah.*

Paradossalmente, secondo le Scritture antiche e nuove, la voce di ogni sofferenza in eccesso – inclusiva anche del suo silenzio – in quanto gridata e ascoltata – ovvero adeguatamente riconosciuta – assurge al rango di imprevedibile ma decisiva rivelazione.

VI

DALLA VIOLENZA COMANDATA ALLA VIOLENZA ASSUNTA

In fin dei conti, in tutte le sue più variegate figure e varianti, *la violenza* – che suscita tanta indicibile sofferenza – altro non è se non una forma abnorme, patologica ed estrema di aggressività, portata fino all'annientamento totale e alla distruzione dell'altro – e di conseguenza necessaria – prima o poi anche di sé.

> «La violenza è una forza della notte. È cieca e acceceа. È cieca perché vuol ricondurre con la forza tutto ad una stessa cosa. Nega la parola originaria che "fa la differenza". Il suo tormentone inconscio è: "L'altro non c'è", ovvero niente differenza. ... Il violento dice: "Tutto quel che non è all'immagine di me, non esiste!"» (Denis Vasse).

Di tutte le possibili auto-idolatrie, è fuor di dubbio la più insensata e devastante, in quanto tutto e tutti inquadra come in un *selfie* vanamente autocelebrativo, ogni cosa e persona comprimendo a forza entro un deformato e mai veritiero specchio di sé, inesorabilmente mandato in frantumi, non appena appare incapace di assecondare il nostro proprio riflesso, indegno quindi del proprio insindacabile *like*.

Resta in ogni caso la domanda: come mai il Dio della Bibbia – fieramente anti-idolatrico – se davvero punta alla nostra universale salvezza, possa concedersi un'immagine tanto violenta di sé, al punto di frastornarci.

Qualche sensata risposta potrà rinvenirsi rivisitando quel principio, caro tanto alla tradizione ebraica quanto a quella cristiana, per cui «la torà parla il linguaggio degli uomini» (*Talmud Bab., Yebamot, 74a*; Agostino, *De Civ. Dei*, XVII, 6, 2), e per cui Dio, come proprio linguaggio, assume non tanto qualche specifico idioma – ebraico, aramaico, greco – bensì l'*intero* vissuto umano, includendovi anche tutta la sua ambiguità e negatività, in vista di un suo pieno riscatto e compimento.

In breve, la violenza nella Bibbia funziona come processo diagnostico e terapeutico, come scandalo rivelativo di Dio e dell'uomo – un po'

> «come se Dio dicesse: "sei tu che mi hai fatto quest'immagine crudele, ma io sono venuto ad abitarla, perché non potevo liberartene diversamente"» (P. Beauchamp).

«E di questa immagine» – così ci azzardiamo a far parlare Dio a noi – «tu mi hai fatto *due volte* vittima. La prima, in quanto hai voluto dipingere il mio volto con connotati di violenza, proiettando su di me tutto il tuo peggior narcisismo infantile. La seconda, quando – con l'estrema violenza della croce – hai tentato di soffocare la rivelazione del mio Figlio, che senza riserve se ne è lasciato investire, accettando la propria morte infame – *mors autem crucis* (Fil 2,8; cf Eb 12,1-3; 13,12) – *crudelissimum taeterrimumque supplicium* (Cicerone), *mors turpissima crucis* (Origene)». Una violenza cui Dio stesso si è infine sottoposto, smascherandola e rivelando simultaneamente il vero volto dell'uomo e di Dio, portando tutto a compimento.

Così, se, a dire di Gesù stesso l'intera Bibbia e storia salvifica da cima a fondo si fanno indelebilmente tracciare dal sangue innocente (Mt 23,35; Lc 11,50-51), questo è possibile solo per adeguatamente ospitare, denunciare e possibilmente guarire la nostra umanità di fatto violenta. E il tutto avviene in nome di una divina condiscendenza alla nostra umanità, nient'affatto indulgente o complice, ma prettamente salvifica, e in vista di una conversione alla mitezza e alla convivialità filiale e fraterna interetnica e universale. *Quod non assumptum, non sanatur* – recita un classico adagio di teologia patristica – ovvero, tutto quello di cui Dio non si facesse direttamente carico, non potrà essere salvato. Così il Dio biblico ha dovuto pur fare seriamente i suoi conti con quella violenza, che René Girard ha denunciato intrinsecamente costitutiva del sacro; e per vincerla ha voluto/dovuto perfino soccombervi. Non a caso nel VI secolo, *unus de Trinitate passus est* – «uno della Trinità si è sottoposto alla passione», confesserà coraggiosamente il linguaggio ecclesiastico della tarda età patristica.

VII

SACRIFICARE IL FIGLIO?

Particolarmente significative e scottanti di questo dinamismo di condiscendenza e di riscatto dalla violenza suonano le testimonianze bibliche che – narrativamente o anche legislativamente – focalizzano la relazione parentale in quanto oggetto di abuso di una generazione sull'altra. Questa terribile violazione, a danno sia dei figli sacrificati sia dei padri disonorati, secondo il Codice di santità (Lv 18–20) sollecita a farsi contemplare appaiata. Ma qui ci limiteremo univocamente al sacrificio rituale umano della vita del figlio, un problema cruciale nella storia della fede di Israele.

Ampiamente praticato in area punica mediterranea, particolarmente a Cartagine, in onore del dio *Molk* – in Israele ribattezzato come *Moloch* – il sacrificio umano del figlio ricorre con inquietante frequenza, con – ma anche senza – una formula comunque ricorrente, che suona «far passare il proprio figlio attraverso il fuoco» (Ger 32,35).

Secondo quanto avrebbe inteso da parte di Dio stesso, che lo mette alla prova, Abramo sta per offrire l'unico figlio Isacco, quello della promessa; ma il sacrificio viene sospeso *in extremis*, una volta che Abramo ha saputo dimostrare, con la propria estrema disponibilità, di «temere Dio» (Gen 22). Al tempo dei Giudici, Iefte invece immolerà per davvero la propria figlia, per tener fede al proprio insano voto di sacrificare chi per primo gli sarebbe venuto incontro, qualora avesse ottenuto la vittoria militare sugli Ammoniti (Gdc 11,30-40). Al tempo di Achab, re d'Israele in Samaria dall'875 all'854 a.C., «Chièl di Betel ricostruì Gerico; gettò le fondamenta sopra Abiràm, suo primogenito, e collocò la sua porta a doppio battente sopra Segub, suo ultimogenito, secondo la parola pronunciata dal Signore per mezzo di Giosuè, figlio di Nun» (1Re 16,34; cf Gs 6,26). A propria volta, Mesha, re di Moab, immolerà il suo primogenito sulle mura della città assediata, e Israele, come terrificato e reso succube da tanto gesto, toglierà l'assedio (2Re 3,27). Lo stesso faranno gli Israeliti, al nord (17,17). All'epoca del profeta Isaia, perfino Achaz, re davidico di Giuda, sacrificherà il proprio primogenito (2Re 16,3) – in seguito imitato dal re Manasse (21,6).

Al contrario, nel VII sec., l'integerrimo e come nessuno (2Re 22,25) fedele al Signore re Giosia (648-609 a.C.), in Gerusalemme, reagirà profanando la famigerata sede di sacrifici umani in Gerusalemme – il cosiddetto *Tophet* – «perché nessuno vi facesse passare il proprio figlio o la propria figlia per il fuoco in onore di Moloc» (2Re 23,10).

La fede propriamente jahwista funge quindi, non senza fatica, da principio critico contro questa forma di sincretismo. Severa condanna contro i sacrifici umani viene così promulgata da più parti: dalla tradizione sacerdotale – in quanto profanazione del nome divino, sanzionata con pena di morte (Lv 18,21; 20,2-5), da quella deuteronomica, in quanto pratica mutuata da nazioni cananee (Dt 12,31; 18,10), dai profeti pre- e postesilici (Mi 6,6-8; Ger 7,31; 19,4-6; 32,34-35; Ez 16,20-21; 20,24-26; 23,37-39; in contesto egiziano tardivo, cf Sap 14,23-27).

Non sono quindi davvero poche né le testimonianze né le condanne per una pratica tanto aberrante, il cui resoconto scritto incontra addirittura qualche censura o reticenza come in Is 7 – che, proprio a proposito del re Acaz, destinatario dell'oracolo dell'Emmanuele, non menziona il sacrificio umano da lui perpetrato ai danni di un proprio figlio, puntualmente registrato invece dal racconto di 2Re 16,3.

Quest'aberrazione parrebbe aver raggiunto il proprio acme nei tempi d'insediamento di Israele nella terra di Canaan. E doveva trattarsi di una costumanza reperita *in loco* e lasciata facilmente impunita, accettata senza troppa protesta dall'opinione pubblica sincretista, per cui gli israeliti di fatto esentavano questo tipo di crimine da qualunque sanzione, restandone comunque passivi spettatori (Lv 20,4; Ez 16; 20,24-26). La punta del fenomeno par collocabile a cavallo tra il VII e il VI sec. a.C., nel già citato bruciatoio (*tophet*) situato in Gerusalemme, nella valle del *Ben-Hinnom* (2Re 23,10; Ger 32,35) – cioè durante lo strapotere assiro sul Vicino Oriente Antico, epoca in cui culmina la stagnazione o regressione di Israele rispetto alle pratiche pagane idolatriche. La diffusione di questa aberrante pratica doveva risultare davvero consistente, pur escludendo qualunque avallo da parte dello yahwismo più puro.

In un monologo prestato a questa coscienza disumana e sincretista, e replicato dalla voce dell'uomo di Dio, il profeta Michea focalizza lucidamente l'ambiguo principio ispiratore di questo obbrobrioso costume:

> «"Con che cosa mi presenterò al Signore, mi prostrerò al Dio altissimo?
> Mi presenterò a lui con olocausti, con vitelli di un anno?
> Gradirà il Signore migliaia di montoni e torrenti di olio a miriadi?
> Gli offrirò forse il mio primogenito per la mia colpa,
> il frutto delle mie viscere per il mio peccato?".
>
> Uomo, ti è stato insegnato ciò che è buono
> e ciò che richiede il Signore da te:
> praticare la giustizia, amare la bontà,
> camminare umilmente con il tuo Dio!» (Mi 6,6-8).

Questo dilemma interiore enumera una serie progressiva di possibili offerte cultuali sempre più cospicue (6,6-7a), concludendo nientemeno che con l'eventualità di un sacrificio umano, quello del proprio primogenito, evidentemente inteso come l'offerta massimale, più onerosa, e più spettacolare. Il sempre più perverso ragionare viene stroncato dalla replica, al tempo stesso profetica e sapienziale, di una nuova voce fuori serie, che molto semplicemente ribadisce le imprescindibili esigenze fondamentali – morali e spirituali – della fedeltà all'alleanza con il Signore. Il principio più generale resta sempre quello, particolarmente caro ai profeti, per cui non esiste soluzione cultuale alternativa, che pretenderebbe compensare il mancato impegno etico-spirituale. La predicazione profetica non si stanca di ripetere come il Signore non sappia che farsene di una liturgia che vorrebbe pareggiare con imponenti, grandiose pratiche cultuali, le infrazioni etiche e morali all'alleanza, la cui onorevole soddisfazione può consistere in nient'altro che nella conversione al Signore. Paradossalmente poi, qui è proprio il culto interno alla stessa alleanza che rischia di degenerare in occasione della più clamorosa infrazione all'alleanza stessa. La perversione più terribile di Mi 6,6-7 sta, infatti, nello stravolgere simultaneamente il rispetto elementare per la vita nascente e il senso della celebrazione cultuale rispetto all'alleanza. Ragion per cui, il Signore finisce per essere tradito due volte in un colpo solo: in quanto Signore della vita, che egli vuole rispettata, nonché in quanto destinatario del servizio liturgico che a lui si vorrebbe prestare.

La coscienza credente degrada qui al totale stravolgimento sincretista in forza di una duplice manipolazione, miscelando una falsa concezione del culto dell'alleanza con un fasullo senso di colpa per le infrazioni perpetrate.

Proprio quest'ultimo, per tacitarsi, istiga un'equivoca coscienza religiosa a gonfiare artificiosamente le proporzioni dell'offerta compensatoria delle proprie mancanze, fino a quella abnorme del primogenito o del figlio (Mi 6,7). La contropartita cultuale-sacrificale viene fatta mostruosamente lievitare nell'illusione di catturare il gradimento divino tramite l'offerta sacrificale più esorbitante e costosa possibile per l'offerente, inscenando così una sorta di *potlatch* fuori del comune, dove Dio diventa il partner da sedurre, obbligare e tacitare anche a prezzo della vita del primogenito.

A ben vedere, l'offerente non va cercando un vero culto, bensì piuttosto una duplice simultanea deformazione di sé e di Dio – una proiezione e prolungamento del proprio sé a fronte dell'immagine idolatrica che stravolge quella divina e al tempo stesso asservisce l'uomo che la produce:

> «L'idolo serve a una menzogna. Non è mai per sé che il padre sacrifica il figlio. Il figlio muore per ciò che il padre progetta, e tuttavia questo progetto non ha una realtà diversa da se stesso (= il progetto del padre): è soltanto un'immagine creata dal padre (o dai suoi sostituti, secondo tutta una serie di simboli disponibili). Il padre (o il «padre») non si riconosce in questa immagine, poiché si sottomette umilmente alla legge che lui stesso ha fatto. Ma il Moloch presta soltanto la sua voce vuota a una legge che ci siamo fatti noi stessi, asservendovi qualcun altro e sacrificandovi la vita del nostro figlio» (Paul Beauchamp).

Il più noto episodio di Gen 22 – il sacrificio (o «legatura») di Isacco, che l'intervento di Dio stesso, dopo averlo preteso, sospende all'ultimo momento, sembra avere l'intento (eziologico) di bandire dall'*ethos* d'Israele qualunque pratica del genere. E, tuttavia, resta viziato da qualche residuo arcaico di una concezione sacrificale a tutti i costi cruenta – un residuo atavico, anzi in qualche modo archetipo, affiorante non solo all'inizio, ma pure alla fine del racconto, per cui il sacrificio imposto da Dio ad Abramo (Gen 22,1) vuole comunque qualche immolazione cruenta, se non del bimbo, almeno quella sostitutiva dell'ariete (22,13). Abramo condivide quanto ancora lo stesso scrittore sacro – lui per primo rispetto al proprio personaggio – va equivocando circa la volontà di Dio. Sicché la prova di Dio imposta ad Abramo secondo l'autore di Gen 22 e secondo il suo personaggio è comunque sempre comandata da un certo qual *a priori* sacrificale violento e sanguinario. Balena all'inizio, per essere poi sospeso riguardo ad Isacco, il figlio della promessa; ma riemerge nella sostituzione finale dell'ariete al posto di Isacco all'ultimo momento graziato dall'angelo del Signore, che Abramo trova impigliato per le corna, e che, provvidenzialmente, di propria iniziativa, fa morire al posto del figlio.

Che Dio «metta alla prova» l'uomo, significa portare l'uomo al vivo senso della differenza tra lui e Dio, appunto al «temere Dio» (cf Gen 22,12), dal momento che il reciproco «mettere alla prova Dio» da parte dell'uomo è severamente vietato (Dt 6,16; Mt 4,7; Lc 4,12). Ma può essere questa prova pensabile senza la violenza cruenta, contro natura? Il Dio che promette è più grande della sua stessa promessa, ma ne è anche il più geloso custode. Per chi accoglie la promessa divina, e poi subisce la prova, questa consiste nel credere convivendo con l'imperfezione della propria immaginazione credente e bonificandola dalla tentazione per cui la promessa sarebbe *«troppo bella per essere vera»*. La prova di Gen 22 è la controparte drammatica della precedente risata patriarcale (17,17; 18,10-15), per cui Abramo e Sara complessivamente pensano: «impossibile che Dio ci dia un figlio in età tanto avanzata!

Qualora pur ce lo donasse, impossibile che effettivamente ce lo lasci. La promessa non si avvererà. Qualora si avverasse, non durerebbe. Nondimeno, restiamo attaccati a Dio». L'immagine di un Dio legato alla violenza sacrificale è lo scotto che la rivelazione divina accetta di pagare alla maliziosa debolezza dell'immaginazione credente, dura a morire, e che tanto fatica a purificarsi dal meccanismo proiettivo per cui Dio è pensato ancora – sia pure più parzialmente – a immagine e somiglianza della propria violenza. Nella logica della condiscendenza e dell'assunzione necessarie alla salvezza della carne, è la rivelazione stessa a farsene carico. A differenza di Abramo, paradossalmente e su ben altro registro rispetto a quello meramente sacrificale – più avanti sarà Dio in persona a «non risparmiare il proprio Figlio», bensì «a consegnarlo per tutti noi, e a donarci ogni cosa insieme con lui» (Rm 8,32). Ciò che Paolo esprime in questi termini – riprendendo tipologicamente Gen 22 insieme a Is 53,6, e accostando alla figura di Abramo quella del Servo del Signore – supera di gran lunga la sempre sospetta logica di ordine sacrificale, per insediarsi piuttosto in quella più genuina e originaria del dono gratuito, che ci costituisce «inseparabili dall'amore di Dio, che è in Cristo Gesù, nostro Signore» (Rm 8,39; cf Gv 3,16-17; 1Gv 4,9).

VIII

GESÙ, GIOBBE E IL SERVO DEL SIGNORE

Se Giobbe è figura del male che diventa dolore gridato e protestato – infine riconosciuto da Dio come voce paradossalmente rivelatrice dello stesso Dio accusato d'ingiustizia – ecco che nel mondo biblico convive con quell'altra figura che – condividendo il medesimo statuto onorifico di «servo del Signore» – in certo qual modo gli si contrappone complementariamente, piuttosto che dialetticamente. Parliamo appunto di quel misterioso personaggio completamente abietto, perfettamente silente, che

> «non ha apparenza né bellezza per attirare i nostri sguardi, non splendore per poterci piacere. Disprezzato e reietto dagli uomini, uomo dei dolori che ben conosce il patire, come uno davanti al quale ci si copre la faccia; ... non ne avevamo alcuna stima. ... Maltrattato, si lasciò umiliare e non aprì la sua bocca; era come agnello condotto al macello, come pecora muta di fronte ai suoi tosatori, e non aprì la sua bocca» (Is 53,2-3.7).

Qualcuno che, tardivamente e a posteriori, viene tuttavia riconosciuto dai suoi stessi oppressori come colui che

> «si è caricato delle nostre sofferenze, si è addossato i nostri dolori; e noi lo giudicavamo castigato, percosso da Dio e umiliato. Egli è stato trafitto per le nostre colpe, schiacciato per le nostre iniquità. Il castigo che ci dà salvezza si è abbattuto su di lui; per le sue piaghe noi siamo stati guariti» (53,4-5).

E in ogni caso qualcuno che, in seguito al proprio sacrificio

> «vedrà una discendenza, vivrà a lungo,...dopo il suo intimo tormento vedrà la luce e si sazierà della sua conoscenza; il giusto mio servo giustificherà molti, egli si addosserà le loro iniquità. Perciò io gli darò in premio le moltitudini, dei potenti egli farà bottino, perché ha spogliato se stesso fino alla morte ed è stato annoverato fra gli empi, mentre egli portava il peccato di molti e intercedeva per i colpevoli» (53,10-12 *passim*).

Gesù ha, molto plausibilmente, potuto identificarsi con questa figura, e combinarla originalmente con quella – a lui particolarmente cara – del Figlio dell'uomo, proprio come recita la terza delle sue istruzioni ai dodici nella salita a Gerusalemme:

> «Voi sapete che coloro i quali sono considerati i governanti delle nazioni dominano su di esse e i loro capi le opprimono. Tra voi però non è così; ma chi vuole diventare grande tra voi sarà vostro servitore, e chi vuole essere il primo tra voi sarà schiavo di tutti. Anche il Figlio dell'uomo infatti non è venuto per farsi servire, ma per servire e dare la propria vita in riscatto per molti» (Mc 10,42-45).

In lui – ma anche indipendentemente, ben prima cioè dell'uso che ne seppero fare egli stesso e la chiesa primitiva – il Servo del Signore e il Figlio dell'uomo, sono figure che, entrambe, ciascuna a proprio modo, intrecciano indissolubilmente sofferenza e gloria, persecuzione e riscatto, morte ed esaltazione. E non a titolo esclusivamente individuale, bensì secondo un originario paradigma corporativo e universale, riferito in primo luogo a tutto Israele, e di qui in ulteriore proiezione universale.

IX

DIETRO L'ANGOLO – UN GRAN BANCHETTO

Ma cosa mai ci sarà dietro l'angolo dell'intera biblioteca biblica, ospite di tante pagine efferate? Quale mai potrà essere il suo *scopus* complessivo? Anche nell'ambito più specifico di una teologia biblica cristiana, le risposte potranno certamente variare all'infinito.

A mio sommesso parere, una pagina apicale spicca su tutte – e non poche sono quelle ad essa affini. Si tratta di quella profezia isaiana (Is 25,6-10) eminente già tra le Scritture d'Israele cui appartiene – un vertice davvero insuperabile delle promesse di salvezza universale – come amava ripetere magistralmente Luis Alonso Schökel (1920-1998). È una promessa tuttora incompiuta, e – cristianamente parlando – garantita in anticipo dalla piccola «primizia/caparra di tutti quelli che ancora dormono» (1Cor 15,20), costituita da Gesù di Nazareth in quanto Cristo e Signore risorto.

Vi si annuncia che – «in quel giorno», l'ultimo giorno – il Signore convocherà a Gerusalemme, sul monte Sion, tutti i popoli della terra. Ma questa volta non per impartire loro una sessione d'insegnamento, un'istruzione intorno alla Torà divina (Legge), così da indurli a riconvertire le loro spade e lance in falci e vomeri, e a camminare in reciproca pacificazione – come annunciato sempre da Isaia (Is 2,2-4, e pure da Michea: Mi 4,1-5).

Stavolta, più liberalmente e del tutto incurante dello scarso spazio disponibile, il Signore Dio si presenterà quale *hospes*, piuttosto che come *magister* – e per tutte le famiglie dei popoli imbandirà un suntuoso banchetto.

L'evento sarà davvero memorabile, in quanto impreziosito – oltre che da cibi e vini prelibati – anche da un paio di doni speciali, divini – anzi: *escatologici*, cioè a dire *insuperabili*, di quelli che più belli e desiderabili non si può:

> «*Il Signore dell'universo preparerà*
> per tutti i popoli su questo monte,
> un banchetto di cibi grassi,
> un banchetto di vini invecchiati,
> di carni grasse con il midollo, di vini invecchiati e decantati.
> Egli divorerà su questo monte
> il velo che copre la faccia di tutti i popoli,
> il drappo disteso su tutte le nazioni.
> Divorerà la Morte per sempre.
> Il Signore, il SIGNORE, asciugherà le lacrime su ogni volto,
> e rimuoverà l'infamia del suo popolo su tutta la terra,
> – perché il SIGNORE ha parlato!
>
> *Si dirà in quel giorno: "Ecco, costui è il nostro Dio;*
> in lui abbiamo sperato e ci ha salvato.
> Costui è il SIGNORE in cui abbiamo sperato,
> esultiamo e rallegriamoci per la sua salvezza,
> – poiché la mano del SIGNORE si poserà su questo monte!"» [Is 25,6-10a – qui nella traduzione di Mario Cucca, *Bibbia. Volume primo* (I Millenni), Einaudi, Torino 2021, 1012-1013].

A congruo corredo di uno *chef* e di un menù tanto straordinari, il primo dono sarà quello di *una grazia al tempo stesso di rivelazione e di consolazione*. Consisterà nell'eliminare dal volto di tutti i popoli quel velo che inibisce il loro sguardo, impedisce la conoscenza e, al tempo stesso, proscrive ogni possibile gioia. Farà scomparire cioè il velo del lutto e dell'ignoranza (cf v. 9) – quel velo che, proprio mentre spegne ogni gioia di vita, al tempo stesso oscura ogni piena esperienza del volto di Dio. Nulla come la morte, i lutti e le lacrime guastano il nostro vissuto umano e al tempo stesso ci schermano e deformano il volto divino, rendendocelo indecifrabile, e quindi ambiguo, sospetto, se non perfino odioso – come ben sa Giobbe lungo l'intera sua dura prova (Gb 3–31).

Ma «in quel giorno» – così sta scritto e promesso, a fondamento di tutta la nostra speranza (Rm 15,4) – ogni effetto e fonte di sofferenza saranno prosciugati, e quindi anche ogni ambiguità su di lui sarà dissipata agli occhi di tutti.

Sin qui straordinariamente serio nella sua audacia – a questo punto il profeta si concede perfino un colpo d'ala umoristico, intessendo una piccola parodia. Preannuncia, infatti, da parte del Signore Dio un brutto tiro, un mirabolante e terribile scherzo – di quelli nel segno del puro contrappasso: *chi la fa, l'aspetti!* – giocato a spese di «*Nostra Sora Morte corporale, da la quale nullu homo vivente po' skappare*» (Francesco d'Assisi). Però con lei, l'inesorabile per eccellenza, Dio non si dimostra altrettanto fraternizzante quanto il Poverello nostro patrono:

> «Il Signore, il SIGNORE, asciugherà le lacrime su ogni volto,
> e rimuoverà l'infamia del suo popolo su tutta la terra,
> – perché il SIGNORE ha parlato!». (Is 25,8).

Permettiamoci una piccola nota filologica: entrambe le traduzioni ufficiali CEI 1974 e 2008 di Is 25,8 suonano: «*eliminerà* la Morte (*Mawet*) per sempre» – ma migliore suona la recente traduzione di Mario Cucca per la Bibbia Einaudi (2021) «divorerà» – proprio come anche al v. 7, dove ricorre il medesimo verbo.

In effetti il verbo in questione (*billa'*) alla lettera significa appunto «*ingoiare*», «*divorare*». Pur di per sé accettabile, la traduzione CEI («eliminerà») in ogni caso appiattisce e astrae concettualmente la corposa metafora in gioco, smorzando il brutale contrappasso della mossa divina ai danni della Morte, di per sé comprensibile sullo sfondo culturale del Vicino Antico Oriente e di un simbolismo in qualche modo archetipico, espressione di un sentimento universalmente condivisibile. Nell'immaginario collettivo di quel contesto storico, la Morte era tenuta al rango di una divinità, e veniva rappresentata come un mostro onnivoro, dalle fauci sempre spalancate, pronte a fagocitare – *divorare*, appunto – chicchessia. È il famoso *She'ol* biblico (Nm 16,33; Is 38,18; Os 13,14; Gn 2,1.2-7), quel mondo della morte che incalza e terrorizza gli oranti dei salmi la cui vita è mortalmente minacciata (Sal 6,6; 30,10; 88,6.11-13).

Sullo sfondo religionistico, il riferimento va al Dio *Môt*, identificato dai Fenici (e dai greci) con Plutone, che nel contesto ebraico perde ovviamente il suo rango divino, pur mantenendo lo stesso nome, immaginario e funzione. A Ugarit il dio *Môt* è il perenne antagonista di *Ba'al*, il dio della pioggia e della vita.

In un testo ugaritico Môt lotta contro *Ba'al* enunciandogli il proprio terribile intento:

> «ah, possa tu [Ba'al] scendere nella gola del divino Môt,
> nelle viscere del favorito di El, il forte!
> ... Sì, la mia gola è la gola dei leoni del deserto, o la gola del mostro marino,
> o la cisterna che fa cadere i bufali selvaggi, o la fonte, esca per le cerve!
> Sì, la mia bocca inghiotte solo fango, sì, davvero io mangerò a piene mani!»
> (*Textes ougaritiques. Mythes et légendes*, éd. A. Caquot, Cerf 1974, 239-240).

A ben vedere, tuttavia, questo linguaggio antico di tre buoni millenni, non ci è affatto estraneo. Nel nostro immaginario popolare, corrisponde, infatti, al ben noto terrore per qualsiasi *shark attack* – felicemente messo in scena dal famoso film «*Lo squalo*» (1975), che rese celebre il suo regista Steven Spielberg (1946-), inaugurando un fitto *sequel* epigonale, tuttora largamente in voga, ancorché non certo all'altezza del suo più brillante prototipo. A onor di cronaca, va detto che – probabilmente consapevole della propria tradizione ebraica – Spielberg aveva intitolato la sua pellicola *Jaws*, alla lettera: «*Fauci*» – immaginando quindi il suo mostruoso squalo in tutto e per tutto conforme al biblico *She'ol*.

X

CHI LA FA, L'ASPETTI

Sarà quindi davvero troppo generico dire che il Signore Dio «elimina» la morte (Is 25,8), dal momento che, in realtà, addirittura la «*divora*», vincendola per contrappasso proprio con le stesse sue armi e con la medesima strategia ad essa abituale – proprio come quando la terra, nel passaggio di Israele attraverso il Mar Rosso, s'ingoiò il Faraone con tutto il suo esercito; e poi, come nel deserto, anche Core e la sua banda di ribelli subirono la stessa fine (cf Es 15,10-12 Nm 16,28-34, sempre con il verbo *billa'*).

Tuttora in sospeso, e ancora in attesa del proprio pieno compimento, questa insuperabile profezia induce a ben sperare. E a immaginarci qualcosa del genere: e cioè che – mentre al banchetto escatologico tutti i popoli gusteranno le prelibatezze predisposte dal Signore, e saranno finalmente consolati alla luce del suo volto – ecco che sotto gli occhi di tutti, sempre il Signore in persona, a un certo punto, ghermirà la Morte – e dell'incontrastato divoratore sempre in cima alla catena alimentare dei viventi ne farà un sol boccone.

Provando a figurarcelo meno truce, questo scenario escatologico di Dio non sarebbe poi troppo diverso dalla mossa di una qualunque padrona di casa che si rispetti, generosa nell'esibire ai propri ospiti cibi freschi e doni inediti – e semmai riservando a proprio uso e consumo qualche cibo avanzato, impresentabile in un solenne banchetto.

Ricco di speranza e di fine ironia, questo messaggio profetico ci configura il nostro destino finale universale nei termini di una davvero sorprendente parodia, prevedendo che nel giorno del Signore, quello spietato mostro onnivoro chiamato *Morte* troverà finalmente qualcuno capace di divorarselo. Neanche la Morte sfuggirà a quell'implacabile legge di contrappasso – l'ironia della storia! – che già dai giochi d'infanzia governa la vita di tutti noi. E nemmeno a quell'altra – ben più feroce legge – per cui in natura e in società spesso il più debole soccombe, mentre è il più forte a sopravvivere e guadagnarsi la postazione più alta, in cima alla catena alimentare

«Non ultima è la Morte» (Pierangelo Sequeri), destinata com'è a farsi trangugiare da Dio in persona, misteriosamente metabolizzata dall'unico capace di farsene carico – perché più nessuno ne sia afflitto. La tradizione cristiana ortodossa – fedele a Mt 27, – nella sua liturgia parla volentieri della «morte della morte», un pensiero che ispirerà a John Donne (1573-1631) un celebre sonetto:

> «Morte, non andar fiera se anche t'hanno chiamata
> possente e orrenda. Non lo sei.
> Coloro che tu pensi rovesciare non muoiono,
> povera morte, e non mi puoi uccidere.
> Dal riposo e dal sonno, mere immagini
> di te, vivo piacere, dunque da te maggiore,
> si genera. E più presto se ne vanno con te
> i migliori tra noi, pace alle loro ossa,
> liberazione dell'anima. Tu, schiava
> della sorte, del caso, dei re, dei disperati,
> hai casa col veleno, la malattia, la guerra,
> e il papavero e il filtro ci fan dormire anch'essi
> meglio del tuo fendente. Perché dunque ti gonfi?
> Un breve sonno e ci destiamo eterni.
> Non vi sarà più morte. E tu, morte, morrai» (*Sonetti, X*).

XI

L'ULTIMA LACRIMA

Ma torniamo alla profezia di Isaia 25, che, forte della sua escatologia conviviale a spese della Morte, sarà tra le pagine bibliche destinate ad accendere quel singolare e potente immaginario di Gesù di Nazareth quale grande autore di parabole, e a farne lo straordinario narratore e attore di salvezza in chiave rigorosamente conviviale – non a caso colorata da forti toni sponsali. Proprio in questi termini – di nuovo, non per caso – riemergerà nella pagina finale d'ogni Bibbia cristiana:

> «E vidi un cielo nuovo e una terra nuova: il cielo e la terra di prima, infatti, erano scomparsi e il mare non c'era più. E vidi anche la città santa, la Gerusalemme nuova, scendere dal cielo, da Dio, pronta come una sposa adorna per il suo sposo.
> Udii allora una voce potente, che veniva dal trono e diceva:
>> *«Ecco la tenda di Dio con gli uomini! Egli abiterà con loro,*
>> ed essi saranno suoi popoli, ed egli sarà il Dio con loro, il loro Dio.
>> E asciugherà ogni lacrima dai loro occhi,
>> e non vi sarà più la morte, né lutto né lamento né affanno,
>> perché le cose di prima sono passate».
>
> E Colui che sedeva sul trono disse: «Ecco, io faccio nuove tutte le cose».
> E soggiunse: «Scrivi, perché queste parole sono certe e vere!» (Ap 21,1-5).

A commento finale di Ap 21 – come pure di queste brevi considerazioni sulla Bibbia quale attestazione di un'ospitalità/convivialità escatologica universale da parte di Dio – vorrei citare la parola di un confratello e amico teologo, Gigi Sabbioni (1958-2019), dal 2011 tetraplegico in seguito ad un banale incidente – che attribuisce a Dio stesso «l'ultima lacrima», quale preludio della nuova creazione:

> Ecco, nuove saranno tutte le cose
> perché Tu compirai il sogno
> una volta per tutte e per sempre:
> non più lacrime, affanno, dolore,
> ogni ombra solo passata.
>
> Sarà l'ultima lacrima
> versata da ogni creatura,
> insieme amore e dolore
> e ferita ignota e profonda.
>
> Farai nuove Tu tutte le cose
> ogni istante, ogni frammento
> come l'alba del primo giorno,
> nuova creazione.
>
> Sarà l'ultima lacrima
> raccolta nelle Tue mani,
> alla fine di tutta la storia.
>
> Sarà l'ultima lacrima anche per Te,
> ma nessuno la tergerà:
> qualche istante a rigare il Tuo volto di Padre,
> segno a tutti di quanto dolore
> il Tuo amore ha portato da sempre,
> e commossa letizia di averci per sempre con Te.
> Al principio la gioia
> di far buona ogni cosa,
> molto buona,

alla fine la tua ultima lacrima
un sorriso di Padre.

Qualche istante a capire, alla fine,
cos'è il cuore immenso di Dio,
dentro al quale ogni uomo è salvato.

Poi sarà solo Cielo
e felice esser uomo,
nella dolcezza immemore
della lacrima tersa, l'ultima.
(G. SABBIONI, *L'ultima lacrima. Meditazione sul Paradiso*, Glossa, Milano 2019, 74-75).

Post scriptum
Congedo le bozze di questo saggio in data 20 giugno 2022, centodiciassettesimo giorno dell'infame e sempre più efferata guerra perpetrata da Putin contro il popolo ucraino.
E chiedo: perché – o Padre – così tanto sangue e così tante lacrime devono ancora scorrere, prima della Tua ultima?

BIBLIOGRAFIA

Per queste pagine, sono debitore soprattutto alla riflessione di:

P. BEAUCHAMP - D. VASSE, *La violence dans la Bible*, Cahiers Évangile 76, Paris 1991.

P. BEAUCHAMP, *All'inizio, Dio parla. Itinerari biblici*, ADP, Roma 1992.

———, *Cinquante portraits bibliques*, Seuil, Paris 2000 (trad. it. *Cinquanta ritratti biblici,* Cittadella, Assisi 2004).

E. BIANCHI (Progetto e direzione), *Bibbia. Volume primo* (I Millenni), Einaudi, Torino 2021, 1012-1013.

A. CAQUOT (éd.), *Textes ougaritiques. Mythes et légendes*, Cerf, Paris 1974, 239-240.

R. SCHWAGER, *Brauchen wir einen Sündenbock? Gewalt und Erlösung in den biblischen Schriften*, Kösel, München 1978, 58-70.

Ho pure attinto da alcuni miei precedenti contributi:

R. VIGNOLO, *L'affetto e l'effetto della preghiera. L'intimità in diretta nel dialogo con Dio, in:* G. Angelini – A. Montanari – P. Sequeri – R. Vignolo, *Conoscersi in Dio*, Glossa 2007, 159-214.

———, *«Dov'è il Padre?». Il nome di Giobbe come chiave del suo dramma*, «La Rivista del Clero Italiano» XCII (2011) 760-782.

———, *Un profeta tra umido e secco. Sindrome e terapia del risentimento nel libro di Giona*, Glossa, Milano 2013.

“DIO NON BASTA”
Storie di umanità violata

Milvia Spadi

10.32060/Perle.3.53-117

INCONTRI

Per chi fa il mestiere di giornalista, specie se lavora come reporter sul campo a diretto contatto con fatti e persone, l'incontro con la violenza, con il dolore, è quasi pane quotidiano.

È la realtà dell'informazione a dover mettere in evidenza prevalentemente i fatti e le problematiche sociali più aspre e quindi per lo più eventi negativi, dolorosi, violenti.

Ci si trova così di frequente a vivere una specie di dissociazione: mettere da parte i sussulti di empatia per non perdersi, restando oggettivi, ma mantenendo vigile l'attenzione per non tralasciare nulla di quanto può servire al resoconto finale. È il mestiere che lo richiede. Più si riesce a ottenere, a sottrarre dalla voce e dall'anima altrui, più si amplierà l'emozione raccolta, e più avrà riscontro la narrazione che si andrà a fare. Tuttavia, almeno per quanto mi riguarda, è necessario non spegnere del tutto la partecipazione emotiva. Un collegamento emozionale con l'altro, per quanto controllato, è un veicolo per trovare il giusto contatto, avvicinarsi davvero e agevolare la comunicazione, capire meglio chi ci sta davanti e instaurare un rapporto umano e non solo professionale. È importante condividere almeno un po' di quel dolore, degli stati d'animo per non rischiare altrimenti di assuefarsi agli eventi negativi e finire magari nell'indifferenza.

Si fanno così molti incontri che suscitano interrogativi. Sono infatti testimonianza di quali e quante assurdità albergano nel nostro mondo. Perché? Che senso ha? Cosa c'è nell'essere umano che genera violenza? Una violenza a volte davvero efferata, dove scompare ogni compassione[1].

[1] Tutte le voci e i racconti qui riportati sono stati raccolti dall'Autrice.

I

MIGRANTI

1. La violenza è contagio

«Mi portavo a casa tutto. Le angosce, le paure, erano tutte insieme a me. Dormivo col telefonino vicino, tutta la mia famiglia era coinvolta». Maria racconta il suo agitato stato d'animo, ma a lei non è accaduto assolutamente nulla. Lei la violenza, il trauma, il dolore e le loro conseguenze li ha soltanto ascoltati giorno per giorno. È una operatrice del Centro Sprar di Mugnano, vicino Caserta, che accoglie migranti aiutandoli nel loro percorso verso l'integrazione nella nostra società. Esseri umani che portano un bagaglio enorme di sofferenza e di paura.

Maria, in quanto operatrice sociale, è stata inserita all'interno di un progetto istituito nel 2016 dalla Società Psicoanalitica Europea per l'assistenza a chi opera con rifugiati e immigrati. «Nessuno può sostenere da solo un lavoro così forte», afferma un altro operatore.

Sono rimasta molto colpita da questo potenziale "contagio" del malessere altrui quando quel vissuto è troppo forte, troppo grande e quindi impossibile da relegare entro i confini dell'alterità e si impossessa anche di noi. Se ne è accorta appunto la psicoanalisi, rilevando come chi sta accanto a portatori di violazioni così gravi riceve, come in una sorta di *transfert*, parte del tormento di cui è carico l'altro, in questo caso il migrante.

«Si diventa come una spugna, si assorbono tutte queste sofferenze che poi diventano il proprio malessere» racconta uno degli operatori del centro civico Zero di *Save the Children* Milano che lavora con minori non accompagnati. «I problemi investono sia chi viene accolto che chi accoglie», spiega Stefano Trinchero, psicoanalista.

> «È un'esperienza destrutturante che mette in crisi il nostro sistema identitario soprattutto perché l'ascolto del trauma è traumatizzante. Si tratta per lo più di immigrati forzati portatori di storie spesso indicibili a sé stessi e agli altri».

E sono gli operatori che devono aiutarli a superare i loro traumi, a rendere dicibile quell'indicibile, e che si "ammalano" a loro volta, trovandosi quindi ad aver bisogno di assistenza e sostegno. Così la psicoanalisi coglie quelli che apparentemente sembrano solo segnali di disagio ma si tratta invece di qualcosa di molto profondo. E proprio negli operatori mette a fuoco il meccanismo che li rende specchio delle problematiche altrui.

Un disagio che qui si manifesta nel momento in cui ci si mette profondamente in relazione con chi ha vissuto l'oltraggio.

«Questo senso di essere invasi, travolti dalla sofferenza, potrebbe produrre anche delle reazioni di rigetto», mette in guardia Anna Ferruta, psicoanalista e una delle fondatrici del progetto. Una reazione di rifiuto opposta a quella di questi operatori che trova terreno fertile in chi poi respinge quelle diversità. Un meccanismo di paura del contagio. Una diversità che incarna dolore, fatica, sopruso insopportabili, al punto da portare a respingere, allontanare, e che va così a generare espressioni e azioni di intolleranza o di esplicito razzismo, come noto anche molto violente.

«La psicoanalisi può aiutare a dare una delucidazione su fenomeni di cui quello dei migranti è solo una parte e che riguardano la società tutta, non solo quella italiana» dice Fabio Castriota, vicepresidente dello SPI (Società Psicoanalitica Italiana). «Tanto è vero che l'IPA, che raccoglie tutte le società di psicoanalisi nel mondo, ha sentito il bisogno di fondare una commissione che si occupa di migranti e rifugiati. Si cerca di dare delle risposte in un mondo che cambia, un mondo che crea muri. Con la disillusione sul fatto che la globalizzazione avrebbe creato un certo tipo di benessere, ma ha creato invece una maggiore chiusura, vulnerabilità, fragilità e soprattutto in una certa fascia della popolazione che risponde a questa angoscia erigendo dei muri. Il migrante diventa il soggetto più pericoloso per la propria identità. Sono gli ebrei della Shoah. Per questo noi dobbiamo fare qualcosa per questi migranti, ma anche lavorare molto a diffondere una cultura che sveli questa grande angoscia e aiuti a capire cosa muove in persone che non sono neanche razziste, però sono molto spaventate».

Come in una epidemia, il veleno delle offese subite da chi fugge da guerre, povertà, dittature ci coinvolge producendo malessere su di noi, oppure l'altro malessere, quel rifiuto che poi si manifesta in xenofobia e aggressività. Quindi non c'è da stupirsi se una società contaminata da varie gradazioni della violenza sia una società sofferente, intossicata. Anche perché le storie di vita di cui sono portatori questi migranti sono piombo. Sono così gravi e crudeli da essere appunto "indicibili".

2. **Jalil e Sofia. Giovani stranieri**

Jalil è un ragazzo nigeriano di circa 16 anni. È in Italia da poco più di un anno e si esprime già bene nella nostra lingua. L'ho incontrato a Catanzaro dove si sono riunite varie rappresentanze di associazioni e istituzioni italiane e nigeriane in un ampio, importante convegno internazionale sulle migrazioni da quel paese. Il più grande del grande continente africano, bacino di schiavi già nel XVII secolo, il cui territorio è costantemente deturpato dal *dumping* delle multinazionali che stanno depauperandone l'economia, estraendo laggiù preziose materie prime, inquinando, distruggendo interi territori agricoli in cambio di una misera paga alla manovalanza locale e dove i contadini sono alla fame. Un paese che da un'altra parte ha anche ricche megalopoli e donne ai vertici della politica, nelle professioni o nelle università. Per la sua competenza Okonjo-Iweala è stata candidata, prima donna africana, alla guida di un organismo internazionale di rilievo, il WTO (*World Trade Organisation*).

Con Jalil, invitato insieme ad un gruppo di ragazzi come lui, parliamo un po' di quello che sta facendo qui. I corsi di italiano, la formazione, ciò che impara cercando di prospettarsi un futuro sostenuto dalle associazioni che si occupano di questi migranti, per lo più minori non accompagnati. Si trova bene, è contento. Gli chiedo se vuole raccontarmi la sua storia, come è arrivato in Italia.

Jalil, che fino a quel momento si era mostrato come ogni ragazzo adolescente svagato, divertito, si irrigidisce in tutto il corpo. Gli occhi brillano, le pupille si dilatano quasi cercassero una fuga dalle orbite e nel buio di quegli occhi neri si intravede un baratro vorticoso, una vertigine in fondo alla quale sta quello che lo ha bloccato in un istante. Lo recepisco. È ciò che lui ha vissuto per arrivare in questa terra promessa, ed è troppo! È troppo per essere pronunciato, perché lui consenta a questo vissuto di emergere e diventare parola. Fa appena un cenno con la testa per dire di no. È terrorizzato dalla richiesta di raccontare. Non insisto, lo ringrazio, gli auguro ogni bene e lo saluto con una carezza sulla spalla.

Ma poi mi passa davanti una carrellata di immagini e resoconti di orrori: le violenze, le torture, le umiliazioni gratuite che vengono raccontate da chi è passato dalle carceri o dai cosiddetti centri di raccolta libici, o descritte dai giornalisti che li hanno visitati.

Per chi fa radio, come me, insieme al racconto è importante poter trasferire in sonoro le emozioni, quindi le intonazioni della voce, le pause, i sospiri, magari il pianto e tracciarli su un campo magnetico. Ma quegli occhi di Jalil non si possono far ascoltare. Restano però nella mia mente. L'effetto emozionale riverbera quando si è concluso un incontro. E non si può non domandarsi come sarà la vita futura di questo adolescente, quanto inciderà ciò che ha vissuto, le conseguenze dei traumi, la paura, quali incubi lo visiteranno, oppure se sarà possibile e in quale modo superare tutto e vivere finalmente serenamente.

Una possibile variante me la fornisce poco dopo Sofia – così vuole essere chiamata. Lei è più grande di Jalil di poco più di un decennio, anche lei arriva dalla Nigeria ed è in Italia da diversi anni. Il suo percorso fin qui Sofia invece lo vuole raccontare, vuole che si sappia cosa le è accaduto, quasi lo rivendica.

È vestita con colori vivaci, i bei capelli afro ricci, folti, sono trattenuti da una fascia arancione. Ma è agitata, tesa, come esasperata. La attraversa nel corpo e nell'espressione del viso un nervosismo che sembra non lasciarle tregua.

> «Ero molto povera, non sono andata a scuola. Ho fatto il giuramento prima di partire. Ho fatto il rito con lo stregone e la *maman* che ha preso anche i miei vestiti. E poi l'ho dovuto fare di nuovo qui in Italia, anche qui con un altro stregone, ammazzando una gallina e con il sangue in testa».

Sofia racconta del potente rito animista del *juju* (una variante del *voodoo*). Culto antichissimo diffuso in Nigeria prevalentemente nel sud ovest fra gli Youruba, al quale sovrintendono uno stregone e una *maman*. Viene eseguito con l'apporto di ossa, sangue e interiora di animali. Con questa pratica sono state irretite migliaia di ragazze ed è stato agevolato un ampio traffico di giovanissime indirizzate alla prostituzione. Una liturgia cruenta, soggiogante, che ha il potere di incatenare a un perfido giuramento. Con l'invocazione ad uno specifico spirito del dio Eshu le ragazze vengono legate a una maledizione che ricadrà su di loro e sulle loro famiglie se non verrà mantenuta la promessa di restituire tutti i soldi forniti per il loro viaggio, soldi da rifondere di solito ai trafficanti. Devono inoltre promettere obbedienza sempre e in tutto alla *mamam* (o *madam*) che le riceverà in Italia e di non provare mai a scappare. Alla fede riposta nel rito e in cambio della restituzione del denaro è legata prima di ogni altra cosa l'ingannevole promessa di un destino migliore.

Nel corso di tale cerimonia le ragazze, che sono quasi bambine, fra i 14-15 anni, oltre a venire costrette a denudarsi, con lo scopo di renderle più vulnerabili, vengono ferite con un rasoio in una parte del corpo sulla quale viene gettata la cenere intrisa di sangue che conterrebbe uno spirito, di modo che entri in lei. Devono inoltre ingerire il cuore del pollo ucciso. Infine viene tagliato loro anche un ciuffo di capelli o di peli del corpo che poi rimane chiuso in un vaso sigillato e posto in un santuario, dove troverebbero ricetto gli spiriti.

Si può ben immaginare come una pratica tanto cruenta, oscura e minacciosa possa avere effetto di condizionamento indissolubile su una ingenua ragazzina di campagna. La *maman* che sorveglia il rito in Nigeria e l'altra che poi, una volta giunte in Italia, è l'affidataria del loro destino, è un tipo di figura ambigua e molto antica. Qualcosa fra una madre e una padrona, anche lei dominatrice e violenta. Il corpo, in questa totale sottomissione, diventerà così lo strumento per ripagare il debito contratto; anche perché queste ragazze non hanno altro. Quando tornano, se tornano, in Nigeria le famiglie per lo più le rifiutano e quando raccontano quello che hanno vissuto spesso non vengono credute. Sono sovente positive all'Hiv, o non possono più avere figli, portano addosso segni fisici e psicologici indelebili.

Dopo 15 anni in Italia Sofia ha ancora paura, non riesce a immaginare di tornare nel suo paese per far visita ai parenti.

«Io pensavo di venire in Italia per lavorare, ma quando sono arrivata la *maman* mi ha mandato sulla strada. Però io dopo due mesi sono riuscita a scappare. Poi qui ho studiato, ho preso anche il diploma». Il racconto prosegue descrivendo il suo percorso e altre violenze subite dalla *maman* e l'abbrutimento della prostituzione e gli sforzi per uscirne.

Malgrado il suo coraggio, Sofia purtroppo non riesce a liberarsi del tutto dal dominio degli spiriti che ancora la posseggono. «Io sono stata battezzata qui in Italia, e mi domandavo: è sufficiente pregare?». «Non pensi che il Dio in cui credi oggi sia più forte del *juju*?», le domando. «Credo che forse sì, se no non sarei ancora in vita», risponde: «Io sono andata dai preti, dall'esorcista, dagli psicologi: però Dio non basta. Non basta credere in Dio, questa cosa esiste».

Su questa ragazza la violenza è passata in più dimensioni. La sollecitazione illusoria di ottenere un destino migliore, l'espediente della potenza invisibile degli spiriti che pesca nei timori più profondi, qualcosa che è sovrumano, sono stati questi i mezzi per assoggettarla. E poi il sopruso fisico a segnare anche materialmente la sua inferiorità. Tutto questo agito da coloro che di lei vogliono fare solo uno strumento di guadagno: criminali ovviamente. Ma molte volte c'è anche una ulteriore complicità con chi l'ha sottoposta al rito del *juju* che merita altrettanta condanna, e questi spesso sono i familiari stessi. Padri e madri. Mi racconta un docente dell'università di Leiden di come ha dovuto convincere a desistere un padre che voleva obbligare con la forza la figlia a partire. Perché neanche la famiglia è un luogo protetto. Le ragazze inviano soldi a casa e questo permette alla famiglia di salire nella scala sociale, e non sempre ci si preoccupa di come questi soldi vengano guadagnati.

Questi due giovani nella loro breve vita portano sulla loro pelle e nell'anima un bagaglio pesantissimo di esperienze estreme ed enormi. Basterebbero a scrivere decine di libri, a impegnare centinaia di ore di psicoanalisi e necessiterebbero di un conforto smisurato. E sono solo due ragazzi.

3. L'immigrazione, ricettacolo di violenza e dolore

Cammina in direzione opposta alla mia lungo una strada a percorrenza veloce. Alto, esile. Vestito di accesi colori *african,* tessuti leggeri sotto una slabbrata giacca pesante. Il corpo dinoccolato, il passo preciso e rapido lungo il bordo di sterpaglie. Porta con sé una busta di plastica: il suo bagaglio, il bagaglio dei migranti. Il volto è indecifrabile, la carnagione mora lascia distinguere solo il bianco dei suoi occhi. Parla fra sé, almeno così mi pare. Lo vedo spesso a orari diversi ma quasi tutti i giorni mentre passo in auto su questa strada per andare in redazione. E ogni volta mi lascia un po' interdetta, la sua persona è una immagine precisa. Mi domando dove va? Poi non l'ho visto più. Mi è rimasta però in mente la sua figura insieme a un moto di angoscia. Quell'uomo mi pare essere una sintesi di tutti i migranti. Si riconosce il disorientamento, la malinconia, la provvisorietà della sua vita dentro una busta di plastica, e quel camminare. I migranti vanno a piedi, camminano e percorrono centinaia di chilometri. E chissà dove sarà ora?

È quasi certamente senegalese. Vuol dire che dal suo paese ha peregrinato per circa cinquemila chilometri, forse viaggiando su mezzi di fortuna, autobus, cassoni di camion, oppure a piedi approssimativamente per 40 giorni per giungere infine sulle coste libiche. Vuol dire che ha attraversato il deserto disseminato di morti di sete, fame e stenti rischiando di essere rapinato o ucciso. Forse è stato fermato e trattenuto in Libia. Forse dentro un affollato centro di detenzione dove alberga la disperazione e persino la luce è riluttante a entrare. E poi ha pagato dei malvagi trafficanti ed è così riuscito a salire su un precario natante, ed è stato per giorni in balia del mare scommettendo con la sorte, fino a uno sbarco fortunato su una delle nostre coste. E qui?

Ho fatto molti servizi sui migranti e tutte, davvero tutte, le persone che ho incontrato portano una storia più o meno grande di fatica, disperazione e umiliazioni. Violenze che non hanno alcuna ragione se non quella mortificante di essere considerati di qualità umana inferiore. Anzi di essere cose.

Il traffico di essere umani, uomini e donne comprati e venduti, registra enormi guadagni ed è un recente *business* per migliaia di trafficanti e per le mafie che su queste persone lucrano senza remore. Non importa se muori nel deserto o annegato, o di botte nei centri di detenzione che sono in realtà carceri, dove le aberrazioni e il sadismo sono pane quotidiano. Questa gente o si trasforma in denaro o non vale nulla. Se sono donne non viene risparmiata loro alcuna violenza. Se arrivano da noi, spesso sono incinte e devastate.

Non mi voglio soffermare su questi ultimi aspetti. Chi voglia informarsi ha a disposizione documentari e resoconti giornalistici sufficienti e dettagliati e non intendo fare un elenco di orrori e brutalità. Basta sapere che ci sono. Ma non è che una volta arrivati qui sia facile vivere. Se trovano lavoro, il più facile da ottenere è sempre un lavoro faticoso, più che sfruttato e carico di angherie e tribolazioni. A queste persone è richiesto un livello di sopportazione davvero enorme e soprattutto disumano.

4. **Rosarno**

È sera: dentro uno scheletro di cemento senza infissi, senza elettricità, senza servizi igienici, trovano un poco di riparo circa 300 migranti. Siamo in Calabria, nei pressi di Rosarno, centro di smistamento dei lavoratori agricoli per le coltivazioni della Piana di Gioia Tauro. Raccoglitori di agrumi. In questo capannone tirato su in fretta e mai finito sono ammassati materassi, bombole a gas, cartoni, valige, vestiti, fornellini, coperte. È pieno di africani. Nel buio i volti scuri di questi uomini perdono anche gli ultimi connotati di riconoscibilità. Sono sagome nere che vagano, indefiniti, come la loro condizione. Stanno qui perché all'alba si metteranno in cammino in una quotidiana processione lungo le strade locali fino alle rotonde dove ha luogo un vero e proprio mercato di uomini che si affannano per essere scelti dai caporali e andare nei campi a lavorare. Nella Piana di Gioia Tauro si coltivano soprattutto agrumi e pomodori. Otto, nove, dieci ore, a volte anche di più, di grande fatica, sforzando sulle reni e la schiena per una paga di 50 centesimi a cassetta, oppure dai 15 ai 20, massimo 25 euro al giorno, 3 dei quali devono essere pagati per il trasporto al caporale, e poi si deve vivere. I caporali in combutta con la criminalità locale preferiscono i migranti privi di permesso di soggiorno perché più ricattabili. «Viviamo come animali, se non hai i documenti non sei nessuno», racconta uno di loro fuggito dal suo paese in guerra passando dalla Libia. La criminalità fa affari prima sfruttando loro e poi con le multinazionali alle quali vende i raccolti con cospicui guadagni.

Nella vicina San Ferdinando è stata da poco smantellata una grande tendopoli che rappresentava davvero una vergogna nazionale. Allestita nel 2010 dopo una rivolta in quello che era un campo abusivo, doveva essere una soluzione provvisoria, ma è rimasta invece per una decina d'anni. Nelle 72 tende sulle quali spiccava la scritta "*Ministero dell'Interno*", sono stati arrangiati i braccianti, soprattutto stagionali, coloro che si muovono seguendo frutta e ortaggi: in Trentino per le mele, in Puglia per olive e pomodori, nel meridione in generale per le arance e i mandarini. E così via. La tendopoli è stata allestita in una spianata scavata nel terreno che quando piove si riempie di acqua e fango e dove in ogni tenda di 20 mq alloggiano 15-20 persone. Freddo d'inverno e caldo asfissiante d'estate. Una decina di bagni chimici che non si sa quando vengono sanificati. Intorno al campo si sono moltiplicate altre piccole tende da campo, catapecchie di cartone e lamiere, teli di plastica arrangiati con pali di legno, una bidonville fatiscente. Piccoli baracchini, banchetti improvvisati, sono le paradossali attività commerciali parallele. Vi si vendono the caldo, acqua, poveri cibi combinati con quel che si trova, cotti su cucine ricavate nei bidoni e inventati dalla fantasia delle donne, che quando non stanno ai banchetti o non vanno nei campi a lavorare, rimpinguano le loro magre sostanze con la prostituzione. C'è anche una specie di piccola macelleria a cielo aperto e qui ho trovato il segno di un disprezzo davvero gratuito e cattivo verso questa povera gente. Gli allevatori di zona vendono – sottolineo vendono – per pochi centesimi ai migranti le carcasse degli animali che loro buttano via. Carne non commerciabile, i cui resti una volta spolpati vengono gettati ai lati del campo dove si confondono con l'immondizia e le baracche. Il pericolo di infezioni e malattie ha indotto *Emergency* e i *Medici per i diritti umani* (MEDU) a portare qui una unità di strada.

Di frequente si verificano incendi nei quali hanno trovato la morte diversi migranti e poi episodi di aggressioni e violenze, come l'uccisione a colpi di arma da fuoco da parte di un civile di un uomo che cercava lamiere per costruire una baracca.

E questa di Rosarno è solo una delle situazioni che descrive le condizioni di vita dei braccianti immigrati. Situazioni simili in Puglia, dove l'agroalimentare rappresenta il 20% del Pil regionale. Qui il campo di Borgo Mezzanone in provincia di Foggia è diventato simbolo dello sfruttamento e della acrimonia dei proprietari terrieri e dei caporali. Nella squallida baraccopoli del tutto improvvisata gli incendi sono frequenti, dolosi e fortuiti. Uno degli ultimi incidenti, se vogliamo chiamarli così, è costato la vita a un uomo di 37 anni il cui corpo è stato ritrovato carbonizzato. Nel ghetto detto "*dei Bulgari*" c'è solo la legge delle mafie: lavoratori dati a fuoco, percossi, costretti in condizioni di schiavitù. Ci sono stati anche alcuni suicidi. Le denunce sono arrivate dai sindacati, da *Libera* e da altre associazioni, compresa *Amnesty International.*

In Puglia si lavora in condizioni paraschiavistiche.

Su questo occorre fare un inciso che riguarda anche le lavoratrici italiane. Noto ed emblematico il caso di una donna, Paola Clemente. È morta di fatica nel 2015 raccogliendo l'uva sotto il sole a 40 gradi nei campi in provincia di Taranto. Le donne braccianti agricole in Puglia sono prevalentemente italiane e comunitarie. Vengono preferite agli uomini per la raccolta delle ciliegie e dell'uva, hanno le mani più piccole e sono più precise. Si arriva nel campo alle 5 del mattino. Viene dato loro un secchio e una scala, devono lavorare ininterrottamente per almeno una decina di ore senza mangiare né bere. Se vanno al bagno vengono cronometrate. Devono raggiungere il raccolto di un quintale altrimenti vengono multate e la paga ridotta. Una paga di 30 euro circa. Non ci sono contributi né assicurazioni e se c'è una sorta di busta paga non corrisponde al lavoro reale: vi compaiono infatti solo pochi giorni al mese. Le donne sono le più ricattabili e più deboli, hanno figli e spesso sono sole. Si trovano a dover contrastare anche le insidie dei caporali e, se non sottostanno alle loro richieste sessuali, non manca che perdano il lavoro.

Nell'Agro Pontino è la mite comunità dei Sikh a essere sfruttata. Qui si raccolgono meloni e cocomeri, faticosi da sollevare tanto che la maggior parte dei braccianti soffre di ernie e di problemi alla schiena e alle articolazioni.

«Dieci ore di lavoro, io troppo stanco». Ha occhiaie profonde e l'espressione mesta quest'uomo che conosce solo poche parole di italiano e che come molti altri arriva dalla regione indiana del Punjab. Oltre ai turni massacranti pagati una miseria, per costringerli al lavoro non mancano le minacce e le punizioni corporali. Alcuni di loro assumono anche delle sostanze per sostenere il ritmo di lavoro e la fatica. Si muovono spesso su vecchie biciclette per andare da un campo all'altro, e la sera corrono il rischio di essere travolti dalle auto e addirittura di essere derubati del loro guadagno da bande italiane.

L'estate scorsa un lavoratore indiano impiegato come bracciante per un'azienda agricola nel Comune di Terracina fu selvaggiamente picchiato con una mazza da baseball e poi buttato in un fosso da un padrone e da suo figlio perché si permise di chiedere loro una mascherina con la quale lavorare in sicurezza.

Si potrebbe continuare. Ma credo sia più che sufficiente quanto descritto fin qui. La legge sul caporalato votata nell'ottobre del 2016 e ottenuta grazie all'assiduo impegno di associazioni e sindacati e dei migranti stessi, che hanno trovato il coraggio di organizzare uno sciopero e una manifestazione, è sicuramente uno strumento contro lo sfruttamento, ma non è ancora una soluzione. La condizione dei migranti è comunque troppo frequentemente una forma di riduzione in schiavitù – un reato penale – in uno dei ricchi paesi del G8, dettata dalla cupidigia di denaro, dalla prepotenza e dalla facilità con cui si possono sottomettere i più deboli, coloro che non hanno diritti.

II

L'IMMENSO RACCONTO DELLA VIOLENZA SULLE DONNE

La violenza usata per mantenere in uno stato di inferiorità un'altra persona è una costante generica che si riscontra in modo particolare nella violenza sulle donne da parte di maschi che non vogliono vedere messo in dubbio il proprio potere, la propria presunta superiorità.

Antica, ripetuta, rivendicata, stigmatizzata addirittura dalla legge, se si pensa che il delitto d'onore (una pena minima per l'autore dell'uccisione di una donna ritenuta fedifraga contenuta nel codice Rocco, guardasigilli di Mussolini) e il matrimonio riparatore sono stati cancellati solo nel 1981, dopo la legge sul divorzio (1974).

1. Una casa per morire, una per vivere

La chiave gira nella serratura che scatta aprendo la porta di un appartamento in una palazzina di Treviglio. Una bella casa, arredata con cura, adatta a una famiglia. Da qui Silvia Betti ha cercato di scappare, ma non ci è riuscita. Una lite, come si usa dire "*degenerata*". Ma non è così: se un uomo che è tuo marito ti colpisce con 9 coltellate, tre alla schiena, sei sul collo, una delle quali trancia di netto la giugulare, beh, non è una lite degenerata. È qualcosa di ancestrale che ha radice in un istinto di violenza animale, primitivo, che spinge a uccidere come unico possibile esito conclusivo della propria furia.

Più tardi, un'altra porta tenuta di solito ben chiusa si apre e si richiude per prudenza alle mie spalle. È quella di una casa di accoglienza della stessa città, dove donne che hanno subito violenza vengono accolte, curate e soprattutto protette.

> «Scappavo sempre – mi racconta Daniela, un marito alcolista – con gli anni diventava sempre peggio, l'ho anche denunciato ma alla fine i carabinieri mi hanno detto: "non sappiamo più dove portarla perché lei morirà, se torna indietro morirà". Non sapevo più dove andare prima di arrivare qui. Mi sono chiusa in cantina, in macchina, di tutto ho subito. Ero già finita all'ospedale. Due volte ho tentato il suicidio. Poi ci sono i figli… In una notte di botte ho quasi perso un occhio, ce l'ho tutto ricucito e devo portare gli occhiali; poi le spalle, le gambe. Era come un demone, una belva, sempre più arrabbiato, sempre più cattivo».
>
> «Amava suo marito?», le domando. «Sì, avevo vent'anni quando ci siamo sposati, era il mio primo uomo». «E lui amava Lei?». «E non lo so, ho scoperto che non mi amava mica tanto, ma io ero un'ingenua. Oggi mio marito lo vedo come un uomo disturbato, malato, da curare perché ha distrutto la mia vita e anche quella dei miei figli».

Non racconterò le cifre della violenza domestica, che purtroppo nel quotidiano aggiornamento non mostrano segnali confortanti: in media una donna uccisa ogni tre giorni. E occorre considerare che quasi il 90% dei femminicidi avviene in famiglia. Un retaggio che trova terreno fertile fra vittima e carnefice: un uomo violento e una donna che sopporta. Perché una persona maltrattata dovrebbe fare solo una cosa semplice: allontanarsi dal pericolo. Ma a volte queste donne, tenute in una condizione di sottomissione, non sono nemmeno consapevoli di quanto è grave quello che subiscono. Fanno fatica a riconoscere la violenza che assume forme diverse: fisica, psicologica, economica. C'è poi lo scrupolo verso i figli che diventa ricatto. E troppo spesso si sono abituate a restare passive, in una situazione di isolamento che le fa sentire prive di diritti. Per ogni donna che subisce violenza c'è un uomo che la agisce. Un fenomeno trasversale e democratico, che riguarda tutte le fasce di età, tutti i ceti sociali, dai più ricchi ai più poveri.

I racconti delle donne si assomigliano:

> «Lui mi diceva, cambio, cambio, ma poi non cambiava mai. L'ho conosciuto che avevo 15 anni – racconta Maria, in un centro a Torino. – Ero incinta di sette mesi e lui mi ha riempito di botte, mi hanno portato all'ospedale, ma non avevo lavoro, non potevo andare via».

Massacrate dalle percosse, sfregiate, addirittura bruciate, uccise spesso con i loro figli, atti seguiti a volte dal suicidio del loro uomo. La casistica è spaventosa.

In cosa risiede questa violenza incontrollabile?

2. Il gorilla

«Il problema è la fragilità dell'uomo non il comportamento della donna» afferma Marco, giovane benestante architetto neanche quarantenne che da un anno frequenta il Centro per uomini maltrattanti di Firenze.

> «Perché nel gruppo ci sono uomini che hanno donne che suscitano rabbia perché danno loro troppa attenzione, ma anche altri che al contrario chiedono troppa attenzione. Quindi non è l'atteggiamento della donna che fa la differenza, ma la fragilità dell'uomo. Un uomo debole risponde in maniera violenta».

E poi racconta la sua personale situazione:

> «Io mi sentivo aggredito dalla mia compagna quando poneva dei problemi e mi sollecitava a discutere, a confrontarmi. Mi sentivo messo all'angolo, e perciò scoppiavo perché non sape-

vo che altro fare, dovevo buttare fuori questa compressione che avevo. Come il gorilla che si batte sul petto. Mi sentivo vessato, non riconosciuto, mi mancava l'aria. Gli episodi di violenza erano uno schiaffo, un cazzotto sulla spalla… erano però cento schiaffi che non le ho dato. Io non so cosa sarebbe potuto succedere. Io l'avrei annientata. Se fossimo rimasti in quelle condizioni una volta o l'altra lei all'ospedale ci sarebbe finita».

«Cosa aveva di diverso la sua compagna dalle precedenti?» domando. «Non era remissiva. Sono stato 15 anni con una donna appiattita sulla mia personalità che mi assecondava in tutto». Poi la buona notizia:

«Adesso non mi arrabbio più. Litighiamo magari, abbiamo delle discussioni, ma so che non è lei la causa, perché ho un approccio diverso al problema. Ho cominciato a guardarla da fuori e capisco che anche lei lotta per qualcosa, anche lei è fragile. Io ora non soffro più! È un problema culturale, a volte gli uomini non sono disposti a mettere in discussione sé stessi con una donna, sentono di dover gestire in maniera esclusiva le cose, che sia il denaro, o altro, vedono l'ingerenza della donna come una assurdità. Occorre spostare l'obbiettivo dalla donna *vittima* sugli uomini anche a livello sociale e mediatico. Perché un uomo che dà uno schiaffo a sua moglie una volta al mese come fa a identificarsi con il mostro? Invece deve riconoscere di avere un problema. Quando sono venuto al centro e abbiamo cominciato a parlare nel gruppo di uomini mi sono reso conto che ci dicevamo le stesse cose. Ad un certo momento ho pensato: o siamo tutti sposati con la stessa donna oppure abbiamo tutti lo stesso problema».

«L'uguaglianza di genere è alla base della violenza – afferma Alessandra Pauncz, psicologa, che dirige il gruppo di Firenze – anche per uomini che vivono con donne emancipate, ma non sono abituati ad entrare in contatto con le loro emozioni e a volte sono cose piccole, banali che generano i loro umori».

L'associazione *Maschile Plurale* è nata da un gruppo di uomini intenzionati a capire la propria dimensione di genere e la violenza. Vanno nelle scuole, ai convegni, collaborano con i centri antiviolenza, e fanno anche lavoro con i detenuti.

Stefano Ciccone riporta quanto ha raccolto in una serie di colloqui in carcere con sex-offenders, le ragioni che essi portano per aver agito violenza, di come si sono sentiti istigati: «Quella donna mi ha fregato, ha usato la seduzione per irretirmi»; «Mi esasperava, era gelosa, possessiva». «Il senso di frustrazione! – racconta un uomo immigrato – Ti guardano dall'alto in basso della loro bellezza, del loro benessere, ti fanno sentire che sei un uomo che non vale niente». «Mi ha incastrato». «Mi ha abbandonato». «L'ho vista insieme ad un altro, mi sono sentito defraudato, sono andato in caserma e ho detto "mi dovete fermare!"». «Se un uomo si mostra debole la donna non è contenta». Così uno stralcio di quelle che ritengono le cause del loro comportamento.

> «I giudizi, le frustrazioni, le problematiche che ho sentito raccontare in carcere sono le stesse di quelle sentite fuori – dice Stefano Ciccone – e questo dimostra che la violenza non nasce dalla devianza, ma dalle dinamiche di potere fra uomo e donna. La violenza non può essere contrastata solo chiedendo agli uomini di opporsi alle loro emozioni, di controllarsi. Dove non c'è comunicazione c'è violenza. È vero che molti di loro sono uomini che non hanno vissuto il femminismo come contrapposizione, ma si sono trovati in un mondo già cambiato. Occorre scardinare quei meccanismi relazionali che producono la violenza».

E comunque la famiglia, la coppia, sono il luogo principe di questa furia aggressiva.

«La violenza sulle donne è un problema nostro – afferma anche Maurizio Lai (*Maschile plurale*) – ma poi è necessario esercitare una critica sulla cultura generale maschilista, patriarcale, che genera violenza. C'è il timore di perdere una identità stratificata. La condizione privilegiata di dominio sembra una perdita e mancano le parole. Non ci sono. Bisogna prima di tutto trovare le parole giuste. Il femminismo sembrava una compressione dei diritti o dei privilegi degli uomini».

«Siamo partiti dalla riflessione che lo stupratore, il violentatore in qualche modo ci assomigli – dice lo storico Sandro Bellassai (*Maschile Plurale*) – la violenza contro le donne è agita da una minoranza, ma tollerata da una maggioranza. Stiamo cominciando a chiamarla non più violenza di genere ma *violenza maschile*».

3. L'amore nasce scapolo

Seduzioni d'amore è il titolo del libro che Oria Gargano, presidente di *Be Free*, cooperativa sociale contro la tratta, violenza e discriminazioni, ha scritto facendo una considerazione semplice ma di rilievo. L'amore in quanto libera scelta reciproca è storia recente.

«Bisogna avere un atteggiamento non giudicante e capire quanti echi subisce la coppia nella quale avviene la violenza – sostiene Oria Gargano – si sono scelti, certo, è la coppia creata da un innamoramento reciproco, dal desiderio di stare insieme. Poi è là dentro, nel desiderio d'amore, che si scatena la violenza. Tutti gli studi mettono in luce questo timore degli uomini che hanno paura di perdere il senno all'interno di questo sentimento, li destabilizza, mette in discussione il ruolo di dominatore. Perché l'amore nasce scapolo. Da Lutero a Montaigne e altri si è analizzato come l'amore non avesse nulla a che fare con il matrimonio come strumento di pace sociale, di riproduzione. In Italia si fa risalire questa liberalizzazione della coppia al dopoguerra. La scelta di uno con l'altro è recentissima. Dentro il matrimonio la donna era sancita come relegata in una posizione inferiore. Occorre un patto sociale fra uomo e donna. Il fatto che ci sia una condanna collettiva della violenza è molto importante».

Dunque finché la donna ha accettato un ruolo secondario all'uomo forse le cose sono andate apparentemente meglio; la realtà è che non se ne è saputo molto, le donne non avevano voce. Perciò è più che rilevante quanto viene stigmatizzato dalla legge che sancisce così anche un pensiero nuovo e migliore. Fino al 1996 la violenza sessuale era considerata un reato contro la morale, qualcosa di socialmente denigrabile. Trasformato poi in reato contro la persona diventa almeno un dignitoso riconoscimento per la donna in quanto parte lesa. Così come la nuova formula di "femminicidio" poiché riguarda specificamente l'uccisione di donne da parte di uomini. Dietro il raggiungimento di queste leggi c'è il lungo e ostico tragitto contro le diseguaglianze. Mentre le donne hanno fatto percorsi approfonditi di emancipazione e liberazione dalla sottomissione, dalla discriminazione in vari ambiti, pare che l'uomo debba fare ancora strada per raggiungere un nuovo modello di relazione. Atteggiamenti arcaici a fianco di rapporti che si vorrebbero evoluti e paritari. Ma anche fra giovani e giovanissimi che dovrebbero poter disporre di criteri di giudizio avanzati le cose non sembrano risolte e non sono per niente semplici. «Si fa per paura, io avevo paura. La sessualità diventa uno strumento di potere, di dominio e umiliazione», racconta un ragazzo di 17 anni. «Io ero innamoratissimo di questa ragazza e lei non voleva più stare con me. La chiamavo a tutte le ore del giorno e della notte, andavo sotto casa sua, mi sentivo svuotato», dice un altro adolescente, e poi osserva:

«Vediamo tutte queste donne patinate, belle. Ci costringono loro quando si presentano in TV in quel modo a vederle come oggetto. Veline, letterine, prendono posto nel nostro immaginario erotico. Io i porno li guardo da quando ero piccolo, una cosa che entra nel cervello. Comunque io ho megapaura delle donne».

4. **Il corpo delle donne**

Dalla pornografia più o meno espressa, reperibile facilmente, dal web o altrove, anche in tv a notte fonda, e messa a disposizione praticamente di chiunque – quindi percepita come normalità, come confessa il ragazzo adolescente – alla diffusione di una discultura che comincia con le tv private, con gli spogliarelli delle casalinghe, per avviare una lunga marcia nei decenni, fino a oggi, che dimostra un paradosso che si credeva impossibile.

Il riferimento è a quelle immagini che sono la pratica di una violenza costante sul corpo delle donne, violenza non solo esteriore; sono immagini che vengono utilizzate in un periodo successivo ai più importanti processi di emancipazione femminile, rinnegando proprio quanto si credeva conquistato.

Siamo nella seconda metà degli anni '70, inizio anni '80. Ecco manifestarsi il potere mediatico della tv commerciale, abile a irretire attraverso immagini meschine, atteggiamenti sguaiati spacciati per popolari. «Tutto, anche le parole sono state strumento di una repressione violentissima verso le donne, una violenza inaudita partendo proprio dal corpo femminile nei mass media», dice la regista Paola Sangiovanni autrice di *Ragazze la vita trema,* un film sui percorsi del femminismo. «Il corpo è mostrato come merce, attraverso la manipolazione, in un modo mortifero. Una violenza che passa attraverso i media molto pericolosa perché non la percepiamo come tale», parole di Alessandra, una delle protagoniste del film. I corpi, che prima erano imprigionati nelle gonne di vigogna e nelle scarpe col tacco, ritornano imbrigliati in una estetica vicina alla pornografia: la Velinocrazia. Donne belle e stupide. È il potere dei media, della tv che schiaccia e manipola. Corpi sempre più deturpati dalla chirurgia estetica, sempre più esposti al mercato di un'immagine volgare ed esecrabile, spesso ridicolizzata.

«Una delle cose in cui siamo state sconfitte è l'uso del corpo come oggetto, usato in modo osceno», afferma Lorella Zanardo, autrice del libro *Il corpo delle donne* (2010), commentando il documentario *Videocracy. Basta apparire* (2009) di Erik Gandini. Le donne si sono impossessate del corpo ma per farne cosa? «Sono corpi liberati o prostituiti? – si domanda la giornalista e scrittrice Lea Melandri – È una nuova oggettivazione del corpo della donna ridotto appunto ad oggetto, mercificato, e tutto spinge all'esibizionismo». Perché purtroppo questa mercificazione è recepita anche dalle donne, in certi casi addirittura per scelta.

> «Non si può più nemmeno dire che sono vittime perché a volte scelgono questo scambio, usano il corpo come strumento cercando di capovolgere le attrattive a vantaggio proprio. A volte sono donne colte che decidono sapientemente di fare del proprio corpo un prodotto da mettere a frutto».

La libertà confusa con la mercificazione, la bellezza con l'esibizione per sguardi morbosi. Comincia così anche l'era delle escort, un inglesismo dietro il quale si cela invece un triste baratto, la profferta di sé stesse a un prezzo ragguardevole.

5. Il mercato delle donne

"La prostituzione c'è sempre stata" è un luogo comune e preconcetto in base al quale si deve dedurre che anche il cliente c'è sempre stato. Colui per il quale la sessualità è un evento da consumare pagando, un bisogno da soddisfare. Purtroppo oggi a una pratica sempre costrittiva si aggiunge l'enorme interesse della criminalità che ha fatto di tante ragazze vera e propria merce da vendere e comprare. Semplicemente uno strumento per produrre denaro con un ampio ricavo. Anche qui, il corpo delle donne è oggettivato all'estremo e soprattutto brutalizzato.

Lunghe file di ragazze sulle strade di periferia e non solo. Il sesso a pagamento è un enorme mercato di centinaia di migliaia di euro, un bacino senza fondo per la criminalità che traffica e sfrutta queste giovani e giovanissime, a volte nemmeno maggiorenni e per lo più straniere che prima di arrivare sulla strada hanno già vissuto un'odissea terribile.

Prime le ragazze dell'est, albanesi, jugoslave, poi le nigeriane, o le cinesi nascoste in appartamenti. Comprate e rivendute per 20mila euro in media, costrette a rapporti per 20 euro e anche meno, rapporti veloci, anonimi, senza guardare chi è quella donna.

«Gli uomini devono sfogare i loro sporchi istinti e non pensano che le prostitute sono persone», racconta una di loro. «Quanti rapporti hai in una sera?» domando a una giovane nigeriana. «Venti, trenta, anche quaranta perché i papponi non ti lasciano, una mia amica l'hanno buttata fuori dalla macchina, l'hanno picchiata, le hanno preso il telefonino e la borsa». «Ti prendono solo per fare una cosa brutta, ti dicono parolacce, sono come animali solo perché ti pagano, il cliente è un bastardo», dice fra le lacrime e la rassegnazione una ragazza slava giovanissima, molto bella, un viso delicato, minuta, vestita morigeratamente.

> «Sono arrivata con la nave, ho passato il deserto. Mi avevano detto che avrei fatto la baby-sitter – racconta una africana vittima di tratta – sono arrivata a Lampedusa e poi mi hanno portato a Foggia. Ho chiamato la *madam* e lei mi ha costretto ad andare sulla strada. Il primo giorno sono anda-

> ta di nascosto e piangevo, avevo paura, faceva freddo, non sapevo dove scappare e avevo paura a chiamare la polizia. Pensavo che mi avrebbero rimandato indietro. Io ho un figlio da mantenere. La *maman* mi picchiava, mi diceva cose brutte. Dovevo anche pagare 300 euro di affitto e 50 euro per la spesa. Poi alla fine ho deciso e ho fatto una denuncia»,

e così l'hanno indirizzata a un centro di accoglienza. Ancora più cattiva la storia di Sonia, anche lei africana:

> «Quando sono arrivata qui ero incinta di cinque mesi, ma mi hanno ugualmente buttato sulla strada. Non capivo niente, non parlavo l'italiano, piangevo, quegli uomini mi facevano paura. Poi una donna mi ha detto che potevo denunciare. Voglio che mio figlio possa ricevere una buona educazione, diventi un dottore. Vorrei che mio marito potesse venire qui». «Le donne hanno paura dei trafficanti che, oltre a essere molto violenti con loro, potrebbero rivalersi sui loro parenti in Nigeria – racconta una mediatrice culturale che viene anche lei da una storia di sfruttamento – gli uomini sanno che abbiamo bisogno di denaro, ma ci sono dei giorni che quando ti cercano poi ti derubano, ti portano via anche il cellulare, oppure fanno quello che vogliono e non pagano».

E non sono mancati i casi estremi in cui le ragazze che provano a ribellarsi venissero uccise.

> «L'acquisto di una donna rafforza il diritto dell'uomo ad una doppia morale rispetto a tutte le donne – sostiene Oria Gargano –. È la sindrome del sultano: colui che trae piacere nello scegliere come fosse merce, andando avanti e indietro con la macchina. E loro non possono dire di no, perché hanno un pappone che le controlla».

Il cosiddetto protettore è quasi sempre un uomo, anche se da tempo ormai le *maman,* in particolare per le donne nigeriane, sono altrettanto crudeli ed esercitano sulle ragazze un grandissimo potere. Sono violente e ricattano anche psicologicamente queste poverette.

Naturalmente occorre interrogarsi anche su coloro che fruiscono di questo mercato. Il dibattito sui clienti infatti viene portato avanti su più piani spesso con pareri controversi. Ma sebbene gli studi dei ricercatori indaghino al di là delle colpevolizzazioni su un fenomeno che, come già affermato, viene percepito come un dato di fatto, ancora non si riesce a incidere davvero sulla mentalità comune. Peraltro ci sono stati anche casi tragici di uomini, specie se molto giovani, che una volta scoperti in compagnia di una prostituta sono arrivati a suicidarsi per la vergogna. «Vanno aiutati anche i clienti – dice lo studioso Francesco Carchedi – perché la domanda e l'offerta sono correlati. Occorre educare i ragazzi a pensare alla sessualità in modo diverso». Per alcuni, infatti, la prostituta è un espediente, una donna sconosciuta con la quale non devono entrare in relazione dal punto di vista emozionale e che consente di fare esperienze o avere comportamenti sessuali che altrimenti non sarebbero immaginabili con una compagna.

L'attuale realtà del fenomeno prostitutivo ha assunto una gravità molto preoccupante proprio perché lo sfruttamento di queste donne è nelle mani della criminalità organizzata che detiene a livello internazionale il mercato della tratta di esseri umani che comprende in generale l'ampio bacino dei migranti.

Una legge, la 286/1998, contenente l'art. 18, tutela le vittime di tratta: consente infatti alle ragazze che denunciano i loro sfruttatori di ottenere un permesso di soggiorno per motivi umanitari. Un passo avanti importante per cambiare la loro vita è anche l'introduzione dell'art. 600, il reato di riduzione o mantenimento in schiavitù. A questa nuova legislazione ha dato forma in particolare Maria Grazia Giammarinaro, giudice presso il tribunale di Roma e Capo Ufficio legislativo del Ministro per le Pari Opportunità (1996-2000), che ha poi proseguito il suo lavoro sulla tratta in particolare di donne e minori presso l'Osce e l'Onu che ben spiega la gravità di questo fenomeno criminale:

> «Si tratta di un crimine contro l'umanità, come lo definisce lo Statuto della Corte Penale Internazionale, cioè di un crimine che non viola soltanto i diritti di una persona o di una determinata collettività, ma i beni fondamentali del genere umano nel suo complesso, e perciò riguarda l'essenza della condizione umana. La nozione di crimine contro l'umanità consente di cogliere qui il senso di una importante evoluzione del diritto penale internazionale che ha progressivamente svelato e giuridicamente istituito una connessione tra la violenza contro le donne e la tratta, il genocidio e i delitti più gravi commessi nell'ambito sia di conflitti armati o sistematici contro le popolazioni civili. La categoria dei crimini contro l'umanità è diventata centrale nel disegno della Corte Penale Internazionale permanente, il cui Statuto incrimina il genocidio, i crimini di guerra e i crimini contro l'umanità tra cui la riduzione in schiavitù, anche nel contesto del trafficking».

6. **Rubare un corpo**

Se in passato era solo una mano furtiva sull'autobus, in metropolitana, che mischiandosi alla ressa approfittava per appropriarsi, palpandolo, di un poco del corpo femminile, oggi i rischi sono ben più grandi.

«Non mi ricordo che cosa è successo, mi sono trovata al mattino sul marciapiede mezza spogliata ho capito che avevo avuto un rapporto sessuale, ma non ricordo». Questa ragazza è stata così coraggiosa da raccontare sotto anonimato quello che le è accaduto in una trasmissione radiofonica in diretta, ma durante la sua esposizione si è sentita male ed è crollata in lacrime. È una vittima della cosiddetta "droga dello stupro".

In un bar, in discoteca, fra amici può accadere che venga versata nel bicchiere di una donna una sostanza – ce ne sono diverse inodori e insapori – che crea uno stato di totale assenza di coscienza e successivamente un vuoto di memoria, rendendo così la persona completamente incapace di proteggersi o reagire e lasciandola in balia del suo stupratore senza poter capire cosa le sta accadendo. Ottundere la mente di una ragazza per poter approfittare di lei è più che uno stupro solo del corpo: un furto impietoso anche della mente, una violenza vile e terribile. Il vissuto è un trauma enorme che genera sensi di colpa per non essersi difese, che umilia e produce una ferita per la quale occorrerà tanto tempo e tanto doloroso lavoro di introspezione per riprendersi, e comunque una cicatrice del tutto immeritata. E anche qui occorre interrogarsi su cosa passa nella mente di colui che agisce con questi mezzi per appropriarsi di una persona con la quale ha un rapporto solo fisico, perché la donna in quel momento *non c'è*, c'è solo il suo corpo. Di nuovo la sopraffazione su una persona in condizioni di debolezza, resa in questo caso del tutto inerme. Quasi necrofilia.

7. Il corpo delle donne teatro di guerra

Era già accaduto durante la seconda guerra mondiale quando ventimila italiane furono violentate dai soldati alleati, ai quali, come una sorta di premio, era stato dato campo libero. La furia su donne indifese, spesso povere contadine, ce la ha raccontata efficacemente il neorealismo nel film *La Ciociara* di Vittorio de Sica. Ma negli anni recenti è stata la guerra nella ex Jugoslavia, forse perché così vicina all'Europa, a renderci noti gli stupri di guerra.

«Sento il suo alito, vedo i suoi occhi, avevo 13 anni e mezzo», racconta una ragazza in un documentario girato diversi anni dopo la fine della guerra, perché prima era difficile trovare qualcuna che raccontasse: la ferita era ancora troppo bruciante. La violenza e la brutalità di questo conflitto etnico nell'usare come strategia le donne della parte nemica quale arma di guerra in realtà non era una vera novità. Il ventre delle donne era già stato campo di battaglia e non solo una appropriazione dei vincitori. Ottantamila donne furono stuprate a Nanchino nel 1937 dalle milizie imperiali giapponesi, altre migliaia nella guerra etnica fra Tutzi e Hutu, in Ruanda, furono usate dai soldati per punire gli avversari. Se non sono decedute durante queste violenze, le conseguenze di queste orribili vicende sono tremende: oltre ai danni fisici, incubi notturni, follia, suicidi.

E poi c'è il difficilissimo tema dei figli nati da questi orrori. E qui si apre un altro enorme capitolo di sofferenze per ragazze e ragazzi che sono spesso stati rifiutati dalle madri, che hanno dovuto mettere in conto di essere figli di criminali, figli dell'odio. Per lo più abbandonati in istituti o adottati da chi ha avuto il buon cuore di accoglierli, altrimenti finiti in strada con un destino segnato. Superare questi traumi orrendi per le donne e i loro figli è davvero molto difficile. Caricate di responsabilità che non hanno, di solito non vengono più riaccolte nella comunità di provenienza, specie se di stampo patriarcale. Ed è sorprendente che siano state proprio le donne del Ruanda le prime a organizzarsi in gruppi di accoglienza, collaborando fra di loro, Tutzi e Hutu, e mettendosi poi in contatto anche con le donne bosniache. Perché dopo queste tremende esperienze non restano che il coraggio e la volontà.

L'Onu ha dichiarato lo stupro di guerra "crimine contro l'umanità", grazie proprio alle donne ruandesi che hanno lottato perché diventasse un crimine internazionale. Le prime sentenze si sono avute però dal Tribunale Penale Internazionale sulla ex Jugoslavia. Processi importanti poiché stabiliscono il diritto alla giustizia. La definizione "femminicidio" viene invece dal Messico. Ideata dalla deputata Marcela Lagarde che fece istituire la prima commissione sul tema in seguito ai numerosi stupri con conseguenti omicidi e decapitazioni delle donne di Ciudad Juares ad opera della terribile macelleria misogina dei narcos. Trecentosettanta donne uccise solo nello stato di Chihuahuan nel 2005. Gli omicidi sono proseguiti anche in seguito e non si hanno dati certi, ma sono centinaia e centinaia, donne giovanissime, molto povere, contadine, ma anche studentesse.

Il corpo delle donne diventa così anche materia giuridica con definizioni precise: "femminicidio", "stupro etnico".

Dai ratti delle sabine alla caccia alle streghe, fino a oggi, troppo spesso si finge che tutte queste situazioni di violenza verso le donne siano momenti isolati o straordinari, ma se si guardano i dati nell'insieme assomiglia di più a uno sterminio.

III

LA CRIMINALITÀ

1. Il bullismo. L'unione fa la forza

Può sembrare eccessivo inserire un paragrafo che riguarda il bullismo sotto il tema più ampio della criminalità. Ma quello che muove ragazzi aggressivi ne è in qualche modo una anticipazione. È l'agire al di fuori delle regole, del rispetto sociale e soprattutto del rispetto dell'altro. Il bullismo oggi ha infatti una normativa, viene sanzionato e prevede anche risarcimenti.

Il bullismo avviene quasi sempre a opera di più persone contro una sola. Nell'azione aggressiva di gruppo l'agire violento trova la sponda di una sorta di legittimità: *lo fanno gli altri, lo faccio anche io,* o addirittura, *non posso essere da meno.*

In gruppo più facilmente si scatena violenza. Un meccanismo che trova maggiore giustificazione nel cyberbullismo, quando da dietro uno schermo l'azione aggressiva sembra meno grave. Ovviamente non è così. I casi di suicidio di ragazzi bullizzati sono purtroppo soggetto frequente nelle cronache. Un fenomeno in crescita e molto preoccupante per l'abbassarsi dell'età di aggressori e aggrediti che si manifesta con attacchi diretti: botte, calci, sputi, sottrazione di oggetti, dal telefonino ai soldi; oppure indiretti: l'esclusione sociale, la diffamazione, l'insulto, lo scherno, e comunque una prevaricazione dell'altro e spesso per futili motivi. E le ragazze sono sempre più coinvolte perché l'azione è sul piano psicologico, più che sulla violenza agita. Aggressioni che utilizzano immagini e termini umilianti. «Hanno fatto vedere la mia foto truccata a tutti i maschi della classe», racconta una undicenne, e questo è niente. Presi di mira sono sempre i più deboli o disadattati: ciccioni, bruttini, timidi, disagiati e troppo spesso anche disabili.

Stanno però proliferando anche le azioni di contrasto nelle scuole, da parte di associazioni di genitori e non solo.

Al policlinico Gemelli di Roma già dal 2009 è stato avviato un ambulatorio contro il cyberbullismo. «L'aggressività fa parte del carattere umano, di bambini e adulti. Cambia però quando c'è persecuzione», dice Federico Tonioni, psichiatra dell'ambulatorio. L'aggressività infatti è necessaria anche a un bambino per esprimere lo spettro delle diverse sollecitazioni interiori. Come accade che un gruppo di bambini si metta a torturare un animale, per sperimentare e osservare l'effetto della sofferenza, così avviene per i compagni di scuola da parte di ragazzi nella turbolenta età adolescenziale o della pubertà, che poi finiscono magari con l'aggredire anche un *clochard*, o comunque una persona marginalizzata.

Ma lo schema è sempre quello: tanti contro un singolo individuo, sempre in una condizione più debole se non altro perché solo. L'azione viene appunto legittimata reciprocamente. L'umiliazione dell'altro ha come scopo il percepirsi da parte di chi umilia, come potenti, superiori.

> «Nelle vittime, che si sentono già vittime, spesso non c'è nemmeno la volontà di chiedere aiuto – dice ancora Tonioni – sono ragazzi pieni di sensi di colpa, che magari sono riparabili; ma la vergogna no, non si ripara. È proporzionata a quante persone ti hanno visto».

E sul web sono tantissime, anzi, come percezione sono *tutti*.

> «Nascosto dallo schermo che esclude le emozioni, chiunque può diventare un bullo – dice ancora il prof. Pietro Ferrara, responsabile dell'ambulatorio pediatrico – diventare prepotente serve per sentirsi forte. Il bullo infatti è una persona che *non* si sente forte, in realtà è debole. È più difficile curare la vittima piuttosto che il bullo per il quale si fa leva sui sensi di colpa, la vergogna». «Sul web non diventano rossi – dice ancora Tonioni – il rossore è l'espressione del linguaggio non verbale. Ma quando si riesce a toccare l'empatia e a innescare il senso di colpa per il danno procurato si assiste a una inversione di tendenza molto veloce».

Dunque curare gli aggressori è possibile. Certo non aiuta la proliferazione di immagini violente ovunque.

> «Siamo tempestati di aggressività – dice un educatore – vediamo film violenti, ragazze presentate come oggetto, un oggetto che si prende con la forza, la violenza è scontata. I modelli da emulare sono modelli negativi. Questi ragazzi rischiano di essere i criminali di domani».

E infatti le cronache raccontano di cosiddette "baby gang" che agiscono davvero con comportamenti criminali. Il bullismo è sintomo indubbiamente di un disagio giovanile e di una crisi educativa. Il problema però è far sì che si riconosca per tempo il limite necessario del proprio agire.

«Avevo i capelli lunghi. Loro sono comparsi dietro di me con un accendino per bruciarmi, mi sono sentito circondato – racconta Valerio 14 anni – non era una violenza istigata, ero il bersaglio dello scherzo, non della violenza». Ma dallo scherzo alla violenza il passo è breve. Lo slogan di un grazioso spot contro il bullismo riassume bene la differenza: "Uno schiaffo che fa ridere non fa male, uno schiaffo che fa male non fa ridere".

2. Potere criminale. Terre violente

Se in Italia subiamo la presenza di 4 mafie che allungano sempre di più i loro tentacoli sul paese e anche altrove, sebbene non sia di consolazione, possiamo constatare che ci sono luoghi peggiori.

Diego E. Osorno, giornalista, scrittore, attivista, per raccontare la violenza criminale nel suo paese, il Messico, deve servirsi di termini medievali: guerra, tortura, stupri, decapitazioni, squartamenti, massacri, fosse comuni. I potenti gruppi di narcotrafficanti, gli Zetas, i cartelli di Sinaloa, Juarez, Michoàcan la fanno da padrone, un vero e proprio esercito sanguinario che viaggia su grossi pick up scorrazzando a gran velocità e al ritmo di raffiche di kalashnikov sulle polverose strade del nord est e che ha fatto del Messico il paese più pericoloso del mondo. Un Narcostato con intere regioni in mano all'illegalità dove anche le istituzioni soccombono.

A Ciudad Juares, e non solo, sono quotidiani gli scontri fra polizia e narcos, un vero e proprio teatro di guerra. In poco più di 5 anni si sono contati 100mila morti. Le leve che legittimano e rendono allettante questa violenza sono il denaro e il potere. Ma soprattutto un flusso enorme di denaro. Dati da Pil nazionale prodotti dal traffico di droga e interessi nei settori energetici. E la droga è diventata anche per la popolazione civile l'unica fonte di sostentamento in mancanza di altre possibilità di lavoro.

Una caratteristica della violenza praticata da questi efferati assassini è la sopraffazione che esercitano sui più deboli, i più indifesi: donne, bambini, anziani, popolazione civile. Rapimenti, i cosiddetti "prelevamenti", omicidi su commissione, spesso in combutta con la polizia locale. In un piccolo paese di 6mila anime vicino alla frontiera con il Texas, attaccato nel 2010 dagli Zetas, la popolazione ha vissuto omicidi e torture in mezzo alla piazza principale. Dopo un anno gli abitanti erano solo in mille. Così i criminali dimostrano la loro potenza, più sangue viene sparso, più violenza c'è, più loro dominano.

Questo e molto altro racconta Osorno. Di come la spavalderia dei narcos, proprio perché estrema, faccia breccia fra i ragazzi più poveri o fra i militari sottopagati. La loro propaganda di reclutamento è vistosa: comunicati, cartelli pubblicitari sulle autostrade, filmati sul web dove mostrano omicidi e torture o si mettono in bella vista con kalashnikov d'oro massiccio e montagne di banconote. Un'allettante economia di morte che conta anche su dei veri e propri cantori delle loro orribili gesta e che prevede cruenti riti di affiliazione. Qui la violenza e il potere mostrano la loro macabra estetica, che comunque riesce ad affascinare e a creare emozioni pericolose, specie fra i giovani.

Osorno, classe 1980, ha scritto numerosi articoli e libri, ha realizzato anche documentari investigativi ed è così nel mirino dei narcos. Ha la morte a fianco. Cerca la ricostruzione della speranza che passa – secondo lui – dalla comprensione delle dimensioni del male. Mi sorprende la sua risposta quando gli chiedo come si vive con queste terribili minacce:

> «Si impara a vivere con la paura, ad avere la morte a fianco, tentando di controllare questa paura che sta lì sempre, ma non deve immobilizzarti perché la vita deve continuare, breve o lunga che sia. Ma non voglio che appaia come qualcosa di speciale. Io faccio solo il mio lavoro».

Analoga risposta a questa domanda – quasi le stesse parole – aveva dato il giudice antimafia Giovanni Falcone.

3. Educazione criminale

La violenza ha una sua allettante estetica, per quanto perversa, ha un grande fascino: il prestigio criminale. Il potere di incutere terrore negli altri e sottometterli. Sentirsi potenti, superiori.

Se i narcos sono motivo di emulazione per i giovani messicani, anche per mancanza di alternative e di diversi modelli di vita, o per semplice necessità di sopravvivenza e naturalmente per denaro, nel nostro paese può essere il destino che ti vuole nato in una famiglia criminale, in quel preciso territorio, a determinare il tuo ruolo violento nella vita. La famiglia è la base e il luogo principe per la salvaguardia della discendenza e della cultura mafiosa.

> «La prima volta che ho sparato avevo dieci anni. L'occasione era il capodanno. Si sparava fuori dalla finestra, un modo per far esercitare le giovani leve. A dieci anni per loro sei già uomo. Ricordo che la pistola scarrellando mi fece male al pollice. Mi sentivo pieno di imbarazzo, era un'onta. A dodici anni poi è cominciato l'addestramento specifico. Andavo a sparare sui bersagli per capire come si impugna bene una pistola e dove puntare. A dodici anni ho anche imparato come si uccide: devi sparare alla tua vittima sul petto, perché c'è più sagoma ed è più facile colpire. Poi devi finirlo con due colpi alla nuca».

È questo il racconto di vita – una vita ancora breve – fatto da uno dei ragazzi accolti nel programma *Liberi di scegliere*, ideato e fondato dal Presidente del tribunale dei minori a Reggio Calabria, Roberto Di Bella. Il programma mira ad allontanare per un periodo dal loro contesto di provenienza i figli delle famiglie 'ndranghetiste, per consentire loro di provare a vivere in modo diverso, quindi a poter scegliere.

Tutte le mafie hanno forte radicamento nella genia familiare, in quel familismo amorale che stabilisce il codice e le regole del comportamento criminale su cui hanno tanto studiato gli analisti del fenomeno mafioso. Ma la tradizione 'ndranghetista, ancor più che per gli altri gruppi criminali presenti in Italia, è incistata all'interno della famiglia e in un territorio circoscritto.

> «Le famiglie 'ndraghetiste vivono e crescono i loro figli per lo più in piccoli paesi dell'entroterra. Vere e proprie enclave, dove l'isolamento dalla società e il forte radicamento alla famiglia fa sì che si possa tramandare di generazione in generazione la staffetta delinquenziale – spiega Di Bella – e questo avviene attraverso rituali precisi, cerimonie di iniziazione, prove di forza e di coraggio praticate sin dalla più tenera età a partire dal battesimo di sangue».

> «L'educazione quotidiana avviene attraverso gli aneddoti, le gesta dei nostri eroi, i caduti in battaglia – racconta un altro ragazzo inserito nel programma – la spiegazione di cosa sono la famiglia, il sangue, la vendetta, avviene quando tuo padre porta a casa le armi, te le mostra, ti spiega come si puliscono, si caricano, e tu bambino resti affascinato, ti abitui alla loro presenza e al loro uso, sembrano giocattoli. Ti abitui a pulirle, a maneggiarle. La trasmissione di valori è quella delle famiglie. Tu non sai qual è la realtà (fuori da questo contesto). Papà è un eroe, una persona da emulare, uguagliare e superare addirittura. Papà non dice mai "ti voglio bene", non ti abbraccia mai, non ti mostra affetto (segno di debolezza), ma è il tuo istruttore, il più duro, che a sua volta è vittima di un padre che lo ha educato allo stesso modo. Tuo padre, se decidi di passare dall'altra parte, è anche disposto ad ucciderti per quei principi a cui ti sta educando. E intorno ci sono gli zii e gli altri parenti che ti incoraggiano, ti sostengono in questi principi. Ogni occasione è buona per trasmettere e condividere questi valori.

> I funerali, un matrimonio. Poi ci sono racconti mitologici. Tuo padre che si è fatto rispettare, ha spaccato la faccia a chi lo ha offeso. Anche guardando un film si incita alla violenza. Ecco, così si cresce, nella violenza. Quante botte ho preso da mio padre, perché solo così impari a non avere paura, a non cedere ai ricatti, a sopportare qualsiasi cosa, perché così qualsiasi cosa ti faranno tu non parlerai».

I riti di iniziazione sono una mescolanza di sacro e profano: la *pungitura* di un dito perché ci sia il sangue e la bruciatura di un santino alla presenza di altri affiliati. Cerimonie cariche di pathos. E questi riti, così come gli addestramenti cruenti, sono finalizzati a congelare, annullare, e se possibile recidere sentimenti ed emozioni e a mettere davanti ad ogni altra cosa la fedeltà alla famiglia, alla 'ndrangheta. Racconti di ragazzi che come prova di coraggio dovevano ammazzare il proprio cane, picchiare senza pietà compagni di scuola, fare a botte per dimostrare la propria supremazia, andare a fare estorsioni o spacciare. Ragazzi che sin da bambini hanno imparato a taglieggiare i loro compagni e a volte anche adulti. Vivono l'orgoglio di girare in paese e vedere gli sguardi abbassarsi, le finestre chiudersi, sapendo di essere temuti solo perché appartenenti a quella nota famiglia. La violenza impera e consente di imperare. L'infanzia non esiste. La legge è quella del più forte. Sono comparsi sui social video dei ragazzi che mostrano con arroganza le potenti armi di cui sono in possesso, si fanno chiamare "cumps", si considerano le nuove leve criminali che reggono e controllano spavaldamente il territorio dello Ionio reggino.

«Il più giovane collaboratore di giustizia ha 11 anni – racconta ancora il dottor Di Bella – è della piana di Gioia Tauro. È abituato a maneggiare armi, a chiedere il pizzo e a commerciare in droga». Un'infanzia che finisce in cella.

«Abbiamo giudicato minorenni che hanno ucciso dei carabinieri, o sono stati coinvolti nelle faide locali, anche in questo caso con il ruolo di killer. Anche nella faida di San Luca, terminata a Duisburg, c'erano diversi minorenni. Questa condizione, il radicamento nella tradizione criminosa familiare, porta ad una sorta di eredità criminale che ha prodotto negli anni centinaia di procedimenti per reati associativi, per omicidio, per estorsione - dice ancora Di Bella – così mi sono trovato a giudicare i figli, o i fratelli minori di coloro che avevo processato negli anni '90. E proprio questo dimostra che la 'ndrangheta si eredita e che le famiglie si assicurano il controllo del territorio attraverso la continuità generazionale».

Di fronte all'ennesimo figlio o nipote di un condannato, sempre lo stesso cognome, il dottor Di Bella ha pensato che questa catena andava in qualche modo interrotta e che forse la soluzione stava proprio nell'andare ad agire su questo DNA criminale provando a modificarlo. Così è nato il programma *Liberi di scegliere.* Un percorso di tre anni, fino ai 18 anni di età con il quale si intende sottrarre questi ragazzi a un destino sicuro: carcere, latitanza o morire uccisi. Coadiuvati da assistenza psicologica possono provare a vivere una vita normale, da ragazzi adolescenti quali sono, insieme ad altri adolescenti. Provando a essere apprezzati anziché temuti, divertirsi anziché essere ingabbiati nella durezza, entrare in relazione con i coetanei anziché assoggettarli; semplicemente vivere la loro età. Questo è il metodo di *Liberi di scegliere.*

«Ero piccolissimo quando mio padre è stato ucciso, e i miei fratelli sono finiti in carcere» racconta un altro giovane. Ragazzi che crescono in famiglie dove ci sono solo le madri e nella migliore delle ipotesi conoscono i padri o i fratelli solo attraverso le visite in carcere, o li sanno latitanti o morti.

«Quando vengono indottrinati commettono reati e quindi c'è rischio per la loro integrità fisica. Sono ragazzi che soffrono – sottolinea Di Bella – la 'ndrangheta è prima di tutto sofferenza. Spesso sono le madri a contattarci perché i loro figli non subiscano quel destino inevitabile soprattutto ai maschi delle famiglie 'ndranghetiste. Quando le incontriamo sono stanche, provate. Imprigionate dalle loro famiglie. Sono sole e hanno bisogno di moltissimo coraggio. Capiscono che questi provvedimenti possono aiutare i loro figli».

Esse stesse si trovano poi a fare un percorso di fuoriuscita dalla famiglia di provenienza che costa loro molte sofferenze. Vengono ricusate e detestate perché traditrici. Devono affrontare una vita nuova per loro, e a volte restano in una terra di mezzo perché non sono in grado di fornire vere e proprie informazioni alle forze dell'ordine e non ricevono lo status di collaboratrici. Hanno figli e mariti all'ergastolo, non hanno relazioni amicali se non all'interno della parentela.

«Non hanno mai lavorato e devono imparare ad essere autonome. Modalità di vita che non hanno mai conosciuto – racconta una degli avvocati che assistono le madri che decidono di allontanarsi dalla loro famiglia – abituate per trovare mille euro a mettere semplicemente la mano in tasca, devono ora imparare a guadagnarsi da vivere. È una vera rivoluzione, una emancipazione dal crimine».

Le donne hanno un ruolo importantissimo nel modificare questa impronta genetica criminale, contribuiscono a scrivere un'altra storia, specialmente coloro che collaborano, anche se poi succede che finiscano uccise come Lea Garofalo. E una volta fuori guardano diversamente al loro passato. «Fate presto – dice una di queste donne – allontanatele perché per noi la normalità è una vita fatta di regole criminali. Non è normale che tu aspetti i carabinieri che vengono ad arrestare tuo figlio, o tuo marito».

«Io mi sono trovata davanti a un bivio – racconta una ragazza – la morte o la vita. Mi ci sono trovata dopo la morte di mio zio e di mio fratello. Chi vive in una famiglia 'ndranghetista vede tutto, sa tutto. Siamo noi che dobbiamo trovare il coraggio e denunciare. Potremo salvare i nostri figli salvando noi stesse e ritrovando quell'infanzia che ci hanno rubato».

Il programma *Liberi di scegliere* ha prodotto esiti positivi anche se ancora non ampiamente estesi. Non si sono registrati recidivi sebbene qualche ragazzo alla fine del percorso, pur sentendosi cambiato, è voluto rientrare nel paese di origine. È comunque un mezzo per modificare, appunto, dall'interno quello stigma criminale basato sulla crudeltà e sulla violenza, ed è una grande speranza per questi figli della 'ndrangheta incanalati in un destino a senso unico nel quale l'ipotesi migliore è il carcere.

4. I ragazzi della Jihad

La violenza si nutre di violenza e genera altra violenza, insegna ulteriore violenza, ispira la vendetta. L'indottrinamento, specie quello a carattere religioso, è potente e adesca giovani vite facendo leva sulla fragilità e i turbamenti giovanili dando l'illusione di un ideale superiore a tutto il resto, di un compito eccelso

«Così ero io quando ero salafita. Ho lasciato perché ho visto la violenza anche mentale, la dittatura di quelle persone, la dominazione ideologica della Jihad». Lo racconta Abdel Ramal, tunisino di 22 anni, in un documentario delle giornaliste Anna Mingotto e Stefania Miretti che per tre anni in Tunisia hanno raccolto le testimonianze di ragazzi rientrati dalla Jihad o delle famiglie di coloro che non sono tornati. Hanno poi riassunto il loro prezioso materiale della banalità dell'orrore in un libro e in un documentario.

Dalla Tunisia è partito per combattere gli infedeli il maggior numero di giovani musulmani pensando appunto di diventare eroi. Giovani spesso di famiglie benestanti, non privi di mezzi culturali. Facevano i rapper, i calciatori, studenti, musicisti, occidentalizzati e attivi sui social, fumavano droghe, pensavano a divertirsi; e poi, repentinamente si fanno crescere la barba, studiano i testi sacri, diventano salafiti e passano ad un sogno di morte. Era un ballerino di break dance l'attentatore suicida al villaggio turistico di Sousse nel 2015, un attacco nel quale rimasero uccise 39 persone. Una nuova forma di ribellione, in passato erano ben altri gli idoli a rappresentare un mito per loro.

La seduzione ad affiliarsi è la promessa di un mirabile paradiso arcaico che però, scopriranno, è ben connesso con gli strumenti della modernità: usa i social, *skype*, *WhatsApp*, e le pillole bianche; il *Captagon* detta "la droga dei jihadisti". Anche in questo caso l'addestramento è fatto di esercizi di violenza estrema che mira a eliminare ogni pietà. Se non si viene inghiottiti dall'orrore e dalla follia radicale, ritornare è difficile e coloro che tornano sono fisicamente, ma soprattutto moralmente, disastrati. Hanno crisi di panico, timore perenne di essere seguiti, osservati. «Questa gente comunica solo con il sangue – racconta un altro – sono felici quando possono uccidere gridando "Allah Akbar"».

Un anziano jihadista navigato che era tornato dall'Afghanistan anni prima con nella testa gli orrori perpetrati sui suoi fratelli dai marines di Abu Ghraib, (i prigionieri incappucciati e tenuti al guinzaglio, torturati con l'elettricità, costretti a bere nella tazza del water, sorvegliati e seviziati da soldatesse che li insultano e non hanno remore nei maltrattamenti) per questo, dice, era partito di nuovo, stavolta verso la Siria. Per lui la legittimità della guerra santa stava nel portare solidarietà ai fratelli musulmani minacciati e massacrati dall'occidente, poiché la guerra chiama guerra. Giunto ad Aleppo ha vissuto l'arrivo di Daesh (lo Stato Islamico in accezione negativa): «Le mattanze insensate, crudeltà fine a sé stessa, giustizia sommaria». Decide dunque di tornare: «Ho visto morire tutti i sentimenti».

Anche per questi giovani una volta partiti il principio è essere addestrati ad annullare l'empatia. Le esercitazioni militari sono esaltanti per la sensazione di potenza che viene indotta dall'avere nelle mani armi micidiali e la promessa della vittoria e del sontuoso Paradiso. La pratica della violenza bruta e il disprezzo estremo del nemico ancora una volta mirano a distruggere ogni possibile sentimento di condivisione umana.

> «Ero alla ricerca della mia identità – racconta un ragazzo che è riuscito a rientrare – sentivo di appartenere a chi aveva potere, quando sei salafita ti senti potente. Un potere che viene dalla religione, anche spirituale, ma poi ho visto e… tutta quella violenza nessun cervello può accettarla, nessun Dio può accettarla».

Quando partono, di nascosto dalle famiglie, lasciano di solito un messaggio alla madre: «non aspettarmi vivo».

5. **La guerra**

«In Bosnia ci sono stati campi di concentramento, atti di genocidio, come l'eccidio di Srebrenica, con connotazioni etniche e religiose e la ripetizione di errori e orrori che hanno raggiunto le dimensioni della seconda guerra mondiale», racconta il Generale di brigata dell'Arma Roberto Riccardi che in passato è stato in missione in Bosnia e oggi dirige il comando dei Carabinieri per la tutela del patrimonio culturale. Siamo rimasti a lungo a parlare, in occasione dell'uscita del suo libro *Venga pure la fine*, sulla guerra nella ex Jugoslavia, di cosa significa questa enorme mole di violenza prodotta da due guerre nel secolo scorso. Il Novecento, il "secolo breve" secondo lo storico britannico Eric John Hobsbawm, breve proprio perché delimitato dalle sue più importanti fasi storiche, violente e rapide: la guerra e la fine delle ideologie. Un secolo che avrebbe voluto mettere l'uomo al centro dell'attenzione. Ma il primo titolo del suo saggio, tralasciato nell'edizione italiana, è: *Il secolo degli estremismi* e poi, nella successiva edizione del 2000, *L'epoca più violenta della storia dell'umanità*. Un'epoca caratterizzata da una parte dall'aumento del benessere, il secolo delle masse, dell'ampliamento del concetto di progresso e allo stesso tempo dai totalitarismi e da due guerre mondiali. Il secondo conflitto in particolare contraddistinto da un evento, il più sanguinario della storia: il genocidio degli ebrei durante il regime nazista, definito dallo scrittore e reduce Primo Levi un *unicum* nella storia conosciuta. Come possono convivere estremi simili?

«Come possono esistere ancora certi carnefici dopo l'esperienza della Shoah?», si domanda Riccardi, che nel suo libro fa dire a Dragojevic, figura rappresentativa dei capi militari condannati dal tribunale internazionale sulla ex Jugoslavia: «Ho fatto quello che mi hanno ordinato, il mio dovere di militare». Così diranno anche i vertici nazisti condannati dal tribunale di Norimberga. Se obbedisco, non sono responsabile o sono giustificato. Così dirà anche il capitano delle SS Priebke, responsabile dell'eccidio delle Fosse Ardeatine, come se non esistesse la possibilità di scegliere ascoltando la propria sensibilità, l'affinità umana.

Con Riccardi, che è un militare e quindi conosce la disciplina e il dovere di obbedire agli ordini, il ragionamento sulla dimensione della guerra prosegue:

«Di fronte ad una situazione eccezionale, io fin dove sarei capace di arrivare? In una situazione di pace ciascuno di noi ha una quotidianità orientata alla normalità, ma se si spalanca la porta dell'orrore, in quel baratro quanti di noi possono sprofondare? Anche il criminale di guerra più incallito, che non ha giustificazione, se non si fosse verificata la guerra in Bosnia, avrebbe forse continuato a fare una vita normale. È un po' la banalità del male di cui ci parla Hannah Arendt. È più rassicurante vedere il demonio con la coda e le corna, ma vederlo in un essere umano che ci assomiglia è qualcosa che pone delle domande».

Dunque è la dimensione delle cose in cui ci si trova immersi, la guerra, la situazione di conflitto a produrre comportamenti estremi? Comunque sia, tale dimensione – la guerra – legittima la violenza.

«È anche trovarsi all'interno di un sistema nel quale uccidere è la regola – riflette ancora Riccardi -. Quanto si *normalizza* il dare la morte? Dove comincia e dove finisce la guerra in quanto tale e comincia l'azione individuale? Il soldato ha il dovere di uccidere. Ora, dall'uccidere all'andare oltre quel dovere, dove comincia quell'"*oltre*"? Perché quello che oggi la giustizia internazionale considera crimine contro l'umanità (Corte penale internazionale 1998), prima non lo era. Trovo che il mistero più grande sia la mente umana».

Riccardi, scrivendo, fa dire al suo investigatore che "*ogni azione è una scelta individuale*", ma di contro a uno psichiatra, anch'egli personaggio del suo libro, fa dire invece che "*per uccidere occorre una qualità speciale che a volte non ha nemmeno bisogno di un movente. Si nasce assassini*".

«Ci sono persone che hanno in sé la possibilità di uccidere, una natura orientata a questo – dice ancora Riccardi – Serial killer potenziali che poi lo diventano, per esempio con l'affiliazione alla criminalità. Oppure la stessa pulsione può trovare sfogo quando c'è una guerra. I mercenari per esempio. Ma ci sono persone che sfogano la violenza anche solo con il pretesto di una partita di calcio».

Diversi comprovati studi psicoanalitici hanno dimostrato che, messi in condizioni negative, di sopportazione, di grande durezza, molti si possono trasformare da persone miti, civili, in persone violente e crudeli. Cosa significa allora essere militare, essere un soldato e dover aderire agli ordini? – domando.

«La giustizia internazionale è una istituzione giovane, vestire una divisa significa essere un uomo delle istituzioni, avere delle responsabilità che trascendono la propria persona, quindi eseguire degli ordini, sì, ma oggi c'è un sistema di regole, anche rispetto alla situazione estrema che è la guerra, per il quale l'ordine che va contro la legge penale, per esempio, non va eseguito. Il militare sarà responsabile insieme al suo superiore che ha dato l'ordine».

E poi fa l'esempio proprio della rappresaglia tedesca alle Fosse Ardeatine: 335 morti quando, di fronte agli ordini del maggiore Dobbrick, i suoi soldati si rifiutarono di eseguire le fucilazioni "*per sentimenti religiosi*". In seguito anche altri si rifiutarono di sparare, tanto che il colonnello Kappler fu costretto a dare ordini inderogabili agli ufficiali e a eseguire personalmente molte uccisioni. "Una efferatezza e una furia vendicativa bestiale", così è stata definita dallo storico tedesco Gerhard Schreiber.

6. **Come nasce la guerra**

«È naturale che la gente non voglia la guerra; non la vogliono gli inglesi né gli americani e nemmeno i tedeschi. Si capisce. È compito dei leader del paese orientarli. Indirizzarli verso la guerra. È facilissimo: basta dirgli che stanno per essere attaccati, denunciare i pacifisti per mancanza di patriottismo e perché mettono in pericolo il paese. Funziona così in qualsiasi paese, che sia una democrazia, una monarchia, una dittatura».

Così le *competenti* indicazioni di Hermann Goering, fondatore della Gestapo, un esperto. Che poi prosegue istigando ulteriormente: occorre spaventarli, inculcargli la paura, imbottirli di paura [...] bisogna che quella paura fermenti e si trasformi in odio, un odio assoluto, irrazionale, sguaiato.

E chi non proverebbe paura di fronte alla minaccia di aggressione o all'aggressione stessa. Chi non si troverebbe a sentir salire astio, rabbia, e magari odio verso chi rappresenta l'aggressore. Gli ingredienti delle guerre sono questi, di quelle di ieri e di quelle di oggi. Mettere in contrapposizione estrema gli uni e gli altri senza fornire altra soluzione che riuscire a eliminarsi a vicenda. La domanda di non facile soluzione di fronte alla guerra è cosa fare, quale atteggiamento assumere. È la domanda che ci deve assillare oggi che l'aggressione russa all'Ucraina ci mette di fronte ai feriti ai morti alla distruzione, alle terribili atrocità, che tutte le sere possiamo constatare in diretta dai nostri telegiornali. Atrocità che in altri attuali conflitti se pur altrettanto gravi e odiose ci appaiono più lontane, anche se non lo sono. La complessità dei conflitti è fatta di avvenimenti passati e presenti, di interessi economici e strategici, di geopolitica, di umori e di ciò che una mente sana può recepire solo come assurdità.

7. Io non sono pacifista, io sono contro la guerra

«La guerra si associa sempre con la bugia, c'è bisogno di raccontare frottole per giustificare l'assassinio di perso-

> ne. Nessun cittadino afghano era coinvolto nell'attentato dell'11 settembre. [...] In ogni conflitto 9 vittime su 10 sono civili. La tragedia delle vittime è la sola verità della guerra».

Così Gino Strada, un uomo che rispetto alla guerra ha assunto la posizione forse più adeguata: salvare vite, curare i feriti.

A Gino Strada, medico chirurgo fondatore di *Emergency*, morto il 13 agosto 2021, dobbiamo molto. Dobbiamo oltre alla gratitudine per l'immenso lavoro svolto insieme a tutti i volontari e collaboratori di *Emergency* un pensiero concreto, radicale, fatto di chi ha tenuto gli occhi ben aperti sul dolore, le sofferenze fisiche e morali e la morte provocati dai conflitti. Riporto dunque alcuni dei pensieri di Gino Strada espressi in varie occasioni e nei suoi libri. L'ultimo *Una persona alla volta* (Feltrinelli 2021) nel quale espone la sua radicale convinzione della necessità di abolire la guerra e sul diritto universale alla salute.

La biografia di Strada è eloquente: nato da una famiglia operaia, in un centro operaio come Sesto San Giovanni (Milano), brillante allievo di Vittorio Staudacher, fondatore del Policlinico di Milano, studia trapianti a Pittsburg e Stanfort (USA), non sceglie una brillante carriera patinata, al suo primo viaggio in Afghanistan già stremato dalla guerra, decide di fare qualcosa di utile e nel 1994 fonda *Emergency*.

Per 22 anni in Afghanistan e ancora oggi sono attivi gli ospedali di *Emergency*. Da questo paese Strada trae molte delle sue riflessioni sui conflitti, che ha poi visto ripetersi in Iraq, Sudan, Sierra Leone, Uganda, Yemen, Cambogia, Eritrea, Palestina, Libia, Ruanda, Repubblica Centrafricana.

Feriti, mutilati, morti. In questo o quel paese, con governi filoamericani o filosovietici, di destra o di sinistra, sempre morti e feriti quasi sempre fra i civili che non hanno preso parte alle ostilità, dei quali il 30% sono bambini. Solo il 7% del totale è rappresentato dai combattenti.

Vede lo strazio dei bambini vittime delle mine antiuomo, giocattoli, a forma di pappagallini verdi sparsi per i campi dove aspettano solo un bambino curioso, pensati quindi apposta per colpire i più piccoli. Corpi martoriati senza un perché, che perdono le mani, gli occhi, le braccia, e ustioni dappertutto.

> «Mi è occorso del tempo per accettare l'idea che una '*strategia di guerra*' possa includere prassi come quella di inserire tra gli obiettivi i bambini e la mutilazione dei bambini del 'Paese nemico'. Armi progettate non per uccidere, ma per infliggere orribili sofferenze a bambini innocenti [...] il nemico dunque è questo? [...] le vittime non combattenti, una ogni dieci all'inizio del Novecento, sono diventate nove su dieci alle soglie del Duemila.
> Per finanziare la guerra e la conseguente distruzione dell'Afghanistan in 20 anni gli Stati Uniti hanno speso complessivamente 2 mila miliardi di dollari, l'Italia 8,5 miliardi di Euro. Se solo il 5% di spese militari fossero state investite in cooperazione oggi l'Afghanistan sarebbe una piccola Svizzera».

Oggi che la minaccia nucleare di nuovo viene paventata o quantomeno temuta, di nuovo le parole di Strada tornano semplicemente l'unica sensatezza possibile:

> «L'abolizione della guerra è un progetto indispensabile e urgente se vogliamo che l'avventura umana continui. [...] So per quello che ho visto con i miei occhi che la guerra non si po' umanizzare. Non si può renderla meno pericolosa, crudele, folle, meno omicida e meno suicida. La guerra si può solo abolire [...] Concepire un mondo senza guerra è il problema più stimolante al quale il genere umano debba far fronte. È anche il più urgente. La maggior sfida dei prossimi decenni consisterà nell'immaginare, progettare e implemen-

tare le condizioni che permettano di ridurre il ricorso all'uso della forza e alla violenza di massa fino alla completa disapplicazione di questi metodi. [...] Perché non si può abolire la guerra? Abbiamo abolito la schiavitù».

8. La vendetta

Le rappresaglie naziste sono indubbiamente un esempio di fredda crudeltà mirate ad affermare il potere militare e la supremazia teutonica attraverso una vendetta esasperata.

Ma appunto il desiderio di vendetta per una brutalità subita può diventare leva e ragione per ulteriore violenza. Può convincere che l'unica soluzione sia ripagare con la stessa moneta. Quanto sia importante nella logica criminale la vendetta ce lo dicono per esempio le faide che insanguinano varie associazioni criminali, dai calabresi 'ndranghetisti alle guerre siciliane di mafia che hanno prodotto centinaia di morti.

In Yemen, in mezzo alle rovine della città bellissima di Sana'a, deturpata dalle bombe, i bimbi giocano e cercano qualcosa da mangiare. Il loro sogno? Sicuramente la pace e il rispetto della loro infanzia sarebbero auspicabili. Alla giornalista Francesca Mannocchi che chiede "*Cosa volete fare da grandi*?" rispondono che vogliono fare i piloti di jet – quanti bambini vogliono diventare piloti! – per difendere il loro paese, quindi bombardare a loro volta.

9. I sommersi e i salvati

La violenza esercitata oggi nelle nostre società è purtroppo molto più diffusa di quanto raccontato fin qui. Si pensi ai molti regimi dittatoriali ancora esistenti, alle carceri di quei paesi, a pratiche di tortura, repressioni, condizioni ricattatorie, e si potrebbe stilare ancora un lungo elenco.

Quali riserve di ferocia covano nell'animo umano? E quanto riusciamo a sopportare di quello che il Cielo manda in terra, o meglio, di quanto può fare un essere umano a un suo simile?

Ci sono persone che hanno subito angherie, umiliazioni terribili, indescrivibili e che tuttavia ritornano a vivere, ritrovano fiducia in sé stessi e nella vita. Altri che non si rialzano più, soccombono. Si potrebbe definirli *I sommersi e i salvati* di cui ha scritto Primo Levi. Ma l'accezione di queste due figure per Levi è ben più profonda del sopravvivere o morire. È piuttosto una indagine etica intensa e precisa quella che lo scrittore propone in un libro che porta questo titolo e che tutti dovrebbero leggere, perché vale per ogni vita, per ogni azione piccola o grande, oltre che per cercare di capire almeno un poco quell'immenso orrore dei lager.

È certo che le dimensioni dell'animo sono innumerevoli. Ma indubbiamente, ad oggi, la ferocia più grande che conosciamo nella storia è quella che riguarda la persecuzione e lo sterminio degli ebrei. La Shoah, che Primo Levi riteneva un *unicum* nella storia dell'umanità. «C'è una differenza in cui la quantità diventa qualità», affermava in una intervista che ho avuto il privilegio e la fortuna di registrare solo pochi mesi prima della sua scomparsa. Una lunga intervista che lo scrittore e testimone ha concesso per la radio tedesca all'uscita del suo ultimo libro (*I sommersi e i salvati*). E su quell'*unicum*, Levi indubbiamente ci ha fornito una dettagliata, minuziosa, dolorosa analisi.

Per i carnefici nazisti è portato all'estremo, ad un punto di non ritorno, l'annullamento della possibilità di riconoscersi nell'altro, di percepire il proprio simile. Una totale assenza di pietà, una mummificazione dello spirito. Questa disumanizzazione estrema era peraltro nell'intenzione del macabro progetto nazista dello sterminio. Annullare come persone in quanto tali gli ebrei, che non a caso venivano ridotti alla definizione *Arbeitsstücke* – «pezzi da lavoro» – e registrati con un numero sul braccio. Senza nome, senza più qualità umana.

Come si giunge a tale aberrazione da parte di questi persecutori?

Il sadismo è inteso come disturbo della personalità, una pulsione che fa trarre piacere dall'infliggere dolore o umiliazione. Il regime nazista inoltre, attraverso le leggi razziali, sanciva legalmente il diritto di far diventare gli odiati prigionieri oggetto del dominio assoluto delle SS. Sicuramente una dimensione patologica era presente nei guardiani dei lager. Ma lo sconcerto che suscita l'indifferenza di questi aguzzini è indubbiamente l'elemento più grave e indecifrabile. Capi militari che, dopo aver compiuto le loro mortifere azioni, dato ordini fatali, rientravano in famiglia come nulla fosse in una "*normalità*" domestica affettuosa e spesso fervente, vissuta magari in una abitazione a bordo del campo.

Levi però ci invita a considerare che, pur nella aberrazione dell'universo concentrazionario, «gli oppressori di allora erano esseri come noi». I fenomeni storici e umani non sono semplici e semplificarli è rischioso. «L'umanità non è spaccata in due. Da una parte ci sono i cosiddetti aguzzini che sono dei mostri e ci sono le vittime che sono degli innocenti» fa notare Levi. Fra questi due estremi vi sono invece una serie di altre probabilità, che vedono coinvolti perfino i prigionieri stessi. Levi descrive perciò un'ulteriore sofferenza prodotta dalla dimensione del Lager. Un maleficio che determina altro male generato dalle tecniche di annientamento della personalità di quei poveri esseri. La condizione di oppressione quotidiana all'interno della quale può nascere un'ambigua trasformazione che moltiplica la violenza e la prevaricazione fra i prigionieri stessi. È la "*zona grigia*" della collaborazione che, dice Levi, rappresenta "*il capitolo più importante*" del suo libro,

> «in cui si fa vedere come: non è che siamo tutti uguali – perché non siamo tutti uguali, davanti Dio per i credenti o davanti alla giustizia per i non credenti. Non siamo tutti uguali, abbiamo diversi livelli di colpa. Però siamo fatti tutti della stessa stoffa. E un oppresso può diventare un oppressore, e spesso lo diventa. È un meccanismo al quale si pone di rado mente, ma nelle carceri, per esempio, è ben noto, avviene correntemente. Ora quanto più si fa rigida, feroce l'oppressione, tanto più viene favorito l'instaurarsi di questa zona grigia».

E in tale condizione si trovavano i prigionieri nel Lager, una condizione di desolazione e annientamento all'interno della quale è implicito tentare di tutto per sopravvivere. «Il mondo in cui ci si sentiva precipitati – scrive Levi – era sì terribile, ma anche indecifrabile. Non era conforme a nessun modello, il nemico era intorno ma anche dentro, il "*noi*" perdeva i suoi confini». Quella che si immagina come ferocia totale «non è esistita – dice Levi – non era così. C'era un'ampia zona grigia, anzi era quasi integrale. Eravamo tutti i grigi». E questo grigiore, questa infinita tristezza, questa mortificazione costante racconta l'eccesso, la sovrabbondanza di dolore e devastazione umana prodotta nei Lager.

Alla domanda su che cosa è la memoria dell'offesa per l'uomo laico, se trova in qualche modo un riscatto, come può essere per il credente attraverso un processo di perdono, Levi risponde:

> «Io penso che per l'uomo laico quale io sono, l'importante sia capire e far capire. Cercare appunto di smitizzare questa rappresentazione manichea del mondo in bianco e nero: far

capire attraverso quali scalini si possa arrivare alla posizione di un Hoess. Il libro di Hoess è a mio parere un libro fondamentale sui lager, perché è stato scritto da un comandante di lager. Hoess era il comandante di Auschwitz. Era quello che ha introdotto le camere a gas, è stato poi catturato dagli inglesi, ceduto ai polacchi, che lo hanno processato e condannato a morte e gli hanno chiesto di scrivere un suo diario. Ora quest'uomo che aveva sempre detto di sì a tutti, persino a quelli che gli avevano detto: "*organizzami un campo perfetto*", ha detto sì anche ai polacchi, e ha scritto un diario che è allucinante, perché egli anche davanti alla forca non aveva ancora capito. Ha detto: "*Ma io ho fatto quello che mi hanno chiesto. Ho fatto il mio dovere di SS, di ufficiale, e le cose che ho fatto le ho fatte anche bene. Quando mi hanno chiesto di organizzare in modo rapido e pulito di sterminare diecimila, quindicimila persone al giorno, io l'ho fatto*". C'è qualche parola di pentimento, ma è palesemente falsa, è falsificata. Ora io ho scritto la prefazione di questo libro per Einaudi, proprio per far vedere come una persona sostanzialmente *normale* come era questo Rudolf Hoess, che aveva avuto sì un'infanzia difficile, ma come tanti, si era poi infilato in un meccanismo che passo passo lo ha trasformato in quello che i miei lettori chiamano un "*mostro*". Invero un mostro non era neanche lui. Perché non è che gli piaceva particolarmente uccidere la gente, non provava piacere o diletto nello sterminio, semplicemente era un mestiere. Il mestiere che gli avevano assegnato e lui lo aveva accettato. Io penso che in questo un certo tipo di educazione tedesca specifica abbia giocato, sul fatto de "*la patria avanti a tutto, il dovere avanti a tutto*". [...] L'atto fondamentale, decisivo del potere è quello di privare del potere critico – osserva ancora Levi – I ragazzi mobilitati dalla Repubblica di Salò erano ragazzi privati sin dalla prima infanzia dei poteri critici».

L'indottrinamento della dittatura che esclude tutti gli altri poteri.

> «Ho letto anche di recente libri sull'atteggiamento del soldato tedesco, delle SS, che è abbastanza allucinante perché quasi tutti sapevano tutto. Tutti quelli almeno del fronte occidentale. Coinvolti in una guerra terribile, intendiamoci. Morti anche loro a centinaia di migliaia, però sapevano pure che guerra era la loro. Veniva detto: questa è una guerra di sterminio».

Analoga la conclusione alla quale è giunto un gruppo di psicologi rispetto a uno dei maggiori responsabili della soluzione finale, Adolf Eichmann, comandante alto in grado delle SS: "*nessun disturbo del comportamento*". Lo scriverà poi la filosofa Hannah Arendt che seguì il processo ad Eichmann e ne studiò la personalità. Non era né uno psicopatico né un mostro. Era questa, concluderà la Arendt, la "*banalità del male*". «Non ho mai fatto nulla, in grande o in piccolo, senza esplicite istruzioni di Adolf Hitler o dei miei superiori», dichiarò Eichmann al processo. Ma precedentemente, in una lunga intervista a Willem Sassen (un SS nederlandese che si aspettava, anzi auspicava, che Eichman smentisse la Shoah, dichiarando lo sterminio una menzogna rivolta contro il Nazismo) Eichmann di contro aveva affermato: «non mi pento di nulla, salterò nella tomba ridendo, poiché il fatto di avere sulla coscienza 5 milioni di ebrei mi dà una soddisfazione enorme». E da questo si potrebbe dedurre che Eichmann era un indottrinato fanatico, non un pedante esecutore, ma un uomo comunque del tutto indifferente, sul quale non vi era più traccia di compassione, *Mitleid* in tedesco, che letteralmente significa "*soffrire con/insieme*".

E questo grande crimine, che è appunto la maggiore tragedia del Novecento, veniva generato nel paese della musica di Beethoven e Bach, di filosofi come Kant, Hegel, di pensatori come Goethe e Weber. Ai ragazzi delle scuole che gli chiedono cosa si debba fare, Levi risponde:

«io ho risposto a modo mio con questo libro. È chiaro che non contiene una indicazione precisa del "*che fare*". Contiene però il che "*non fare*". Soprattutto ho insistito sul fatto di rifiutare gli idoli [...] perché è stupefacente anche per me che li ho vissuti assistere oggi ai filmati ripresi allora di Hitler e di Mussolini. Sono per noi quasi incomprensibili. È incomprensibile come potessero tutti e due, ma soprattutto Hitler e i suoi, mobilitare le masse con dei mezzi così assurdi. Eppure lo hanno fatto. E noi assistiamo oggi – non in Italia, non in Germania, ma in Libia o in Iran – a fenomeni molto simili. Veramente i profeti esistono, ed è molto difficile distinguere fra buoni profeti e falsi profeti. A mio parere sono falsi tutti. E mi è sembrato che l'ammonimento conclusivo di questo libro sia di conservare rigidamente e intelligentemente il proprio senso critico di fronte alle false ideologie».

In questa lunga intervista, nell'ampia analisi su quanto avvenuto, c'è comunque una frase di Levi che credo vada appuntata:

«...io non amo la disperazione. Non sono capace di disperazione. Mi pare che la disperazione paralizzi». Se una persona come Levi che porta un vissuto e una consapevolezza enorme può pronunciare questa frase, indipendentemente da come sia avvenuta la sua dipartita, occorre porre mente a questo.

10. La giustizia riparativa

«Ho potuto constatare che la lunga pena inflitta alla persona che si trova all'ergastolo a me come vittima non ha restituito nulla». Questa affermazione viene fatta da Sabina Rossa, figlia di Guido Rossa, sindacalista genovese ucciso dai terroristi delle Brigate Rosse nel 1979. Siamo nel carcere di Padova dove ha luogo un importante convegno sull'ergastolo ostativo. Vale a dire quel "*fine pena mai*" previsto per i crimini più gravi, fra cui il terrorismo o i delitti legati alla criminalità mafiosa, a meno che non vi sia un affrancamento e si collabori con la giustizia. Sabina Rossa fa parte dell'associazione *Vittime del terrorismo* e ha accettato di prendere parte ad alcuni programmi previsti dalla cosiddetta giustizia riparativa. Un delicato percorso che mira a far incontrare e quindi a mettere in relazione in un reciproco ascolto le vittime e i rei. Uno studio giuridico che cerca soluzioni per andare oltre il ricorso alla sanzione carceraria come unica soluzione possibile. La sola detenzione, è verificato, non risolve, così come il principio punitivo non cura, anzi il più delle volte peggiora le persone. Il crimine peraltro produce effetti psicologici distruttivi anche in chi lo commette. Le nostre carceri sono notoriamente sovraffollate da individui che, avendo compiuto reati se pur di grado e responsabilità diverse, dovrebbero, una volta pagato il loro debito alla giustizia, rientrare nella società. Sono dunque necessarie azioni congrue a far sì che ravvedimento e riparazione migliorino coloro che si sono macchiati di delitti, principio sancito peraltro dalla nostra costituzione. Soprattutto secondo i propugnatori della giustizia riparativa, occorre trovare una strada che modifichi, esplicitandole, le condizioni di reo e vittima all'interno dell'ambito collettivo, sociale e storico, nel quale le influenze e le condizioni che hanno dato luogo a quegli eventi sono molteplici.

Come affermava Levi, non si può dividere l'umanità in categorie, vittime contrapposte a carnefici. Occorrono quindi dei meccanismi di regolazione dei conflitti e di ricomposizione sociale, specie di fronte a fenomeni come il terrorismo, la criminalità organizzata, per non parlare delle guerre. Più in generale si può affermare che ogni violenza non è solo una lesione individuale ma direttamente o indirettamente va a incidere nel corpo collettivo.

«La riabilitazione invece, senza negare le responsabilità, restituisce?», domando a Sabina.

> «Spesso, contrariamente a quanto si pensa, la pena non è il risarcimento per la vittima se non c'è un percorso di vera riabilitazione. Ho avuto un incontro con la persona che ha ucciso mio padre e ho capito che mi stavo incamminando su un percorso molto simile alla giustizia riparativa, perché da un incontro effettivamente c'è la possibilità di prendere parte ad un cammino che davvero porta a riconsiderare atti, gesti e porta a una consapevolezza che prima era mancata. Quindi aver arrecato un danno, aver fatto del male. La vittima a questo punto prende atto che la persona ha avviato un percorso di cambiamento. Il confronto fra reo e vittima è la formula più avanzata per sanare un crimine, senza negare le responsabilità. La vittima vede il cambiamento».

«Il confronto è fondamentale perché il detenuto quando incontra una vittima si fa domande che non si era mai posto», afferma Lorenzo, figlio d'arte, abituato sin da bambino a visitare il carcere per andare a trovare il padre rapinatore. Così anche lui a soli 14 anni ha compiuto la sua prima rapina. Finirà la sua detenzione quando avrà più di 50 anni, ne ha 45 e non è già più la stessa persona. Ha seguito percorsi di rieducazione, ed è cosciente del fatto che le pulsioni, le ragioni che lo hanno portato a delinquere fanno parte di un'età e di motivazioni che non gli appartengono più. È presumibile infatti che trascorsi tanti anni un individuo non sia più lo stesso di quando ha commesso il reato e che sia auspicabilmente migliore.

La *Restorative Justice* fa parte delle buone prassi raccomandate dall'ONU con l'applicazione di qualunque metodo di mediazione nel mondo. Un principio che è stato messo in atto in situazioni anche estreme, che hanno investito le coscienze non solo dei singoli, ma di interi paesi. È accaduto in Sudafrica, con la Commissione per l'Apartheid per la verità e la riconciliazione, che mise a confronto in un delicato, complesso procedimento durato otto anni, i responsabili della politica segregazionista e gli aderenti all'*African national Congress* di Nelson Mandela, per stabilire la verità sul passato e provare a giungere a un accertamento condiviso di responsabilità e sofferenze.

Una verità "*curativa*" che aspira a «indicare una strada per il superamento di un passato tragico verso un futuro diverso, verso un cambiamento politico e sociale», come scrive Adolfo Ceretti, criminologo, nel suo libro *Il diavolo mi accarezzava i capelli*, un processo che si basa sul

> «presupposto secondo il quale la verità da sola non può bastare, - scrive ancora - se intesa come pura e semplice ricostruzione dei fatti, perché occorre che chi parla venga ascoltato e riconosciuto come meritevole di attenzione.
> Qui riposa il senso della giustizia riparativa: in un ascolto immaginativo, nel quale l'attenzione assuma le forme della responsabilità. E sappiamo anche che il fine non è quello della riconciliazione a tutti i costi – le differenze non possono essere abolite – ma piuttosto di una ricomposizione, che allude alla costruzione di un equilibrio, per quanto fragile e bisognoso di cure continue».

Analoghe esperienze sono state fatte anche altrove, per esempio fra famiglie israeliane e palestinesi coinvolte da tempi troppo lunghi in un perenne conflitto politico e sociale. Oppure per singole vicende radicali come nei bracci della morte delle carceri statunitensi facendo incontrare i parenti delle vittime di omicidi con i condannati a morte.

Ceretti infatti fa una sottolineatura:

> «La giustizia riparativa non ha necessariamente bisogno delle grandi storie come quella dell'*apartheid,* per mettersi alla prova. Poiché anche un piccolo gesto può provocare

una lacerazione, non esiste contesto nel quale non possa sorgere un conflitto».

La domanda è come una persona arriva al gesto violento. «Il mistero di chi provoca dolore è forse ancora più profondo di chi lo subisce», afferma infatti Ceretti.

L'UNICO ESSERE DELLA SPECIE ANIMALE CHE ARROSSISCE È L'ESSERE UMANO

Nel momento in cui viene praticata la violenza sembra sospesa la capacità di riconoscere l'altro come proprio simile, uguale a se stessi. Di percepire quindi il male che si agisce.

Il rossore invece è un sintomo di contatto con la propria interiorità. Segnala vergogna o anche imbarazzo. Comunque una percezione di sé. Abbiamo visto per il bullismo, come il senso di colpa sia uno strumento utile per far leva sulla coscienza. Chi si vergogna fa i conti con se stesso.

Non mi compete trovare delle conclusioni dopo questo lungo excursus su vicende violente. Ma voglio usare un po' di leggerezza e segnalare qui questa curiosa singolarità umana che forse ci dice qualcosa sul fatto che comunque è insita in noi almeno una piccola spia, un sensore che rende possibile il discernere fra azioni, comportamenti positivi e negativi, fra ciò che è bene o è male, e perfino fra ciò che è bello e ciò che è brutto e che di conseguenza sia possibile scegliere.

E la scelta, direi, è la nostra libertà e la nostra regola.

BIBLIOGRAFIA

F. Carchedi, *Vite capovolte. La tratta degli esseri umani. Pratiche di sfruttamento sessuale e lavorativo sul territorio laziale*, Maggioli ed., Santarcangelo di Romagna 2020.

A. Cerretti, *Il diavolo mi accarezzava i capelli, memorie di un criminologo,* Il Saggiatore, Milano 2020.

S. Ciccone, *Essere Maschi tra potere e libertà*, Rosenberg e Sellier, Torino 2009.

R. Di Bella, *Liberi di scegliere*, Rizzoli, Milano 2019.

Documents on the Rape of Nanking, The University of Michigan, Ann Arbor 1999.

O. Gargano, *Seduzioni d'amore, per una narrazione non convenzionale della violenza sulle donne*, Sapere Solidale, Roma 2013.

M.G. Giammarinaro, *Diritto, Immigrazione e cittadinanza,* Franco Angeli, Milano 2012.

———, *Costruire la pace attraverso il diritto. Il ruolo della Corte penale internazionale,* in Giustizia Insieme, 18/03/2022.

A. Iantosca, *Bambini a metà. I figli della 'ndrangheta,* Perrone ed., Roma 2015.

P. Levi, *I sommersi e i salvati,* Giulio Einaudi ed., Torino 1986.

F. Mannocchi, *Porti ciascuno la sua colpa*, Laterza, Bari; Roma 2019.

A. Mingotto e S. Miretti, *Non aspettarmi vivo. La banalità dell'orrore nella voce dei ragazzi jihadisti i ragazzi della Jihad*, Einaudi, Torino 2017.

M. Omizzolo, *Sotto padrone. Uomini, donne e caporali nell'agromafia italiana*, Fondazione Giangiacomo Feltrinelli, Milano 2019.

D.E. Osorno, *Z. La guerra dei Narcos,* La nuova Frontiera, Roma 2013.

Osservatorio dei Balcani e Caucaso, *Bosnia, figli di genitori ignoti* 29/10/2003.

A. Pauncz, *Da Uomo a Uomo, uomini maltrattanti raccontano la violenza*, Erickson, Trento 2015.

R. Riccardi, *Venga pure la fine,* E/O, 2013.

M. Spadi, *Le parole di un uomo*, Di Renzo, Roma 2021 (Nuova edizione).

L. Zanardo, *Il corpo delle donne,* Serie Bianca Feltrinelli, Milano 2010.

Documentari

- *Videocracy*, Erik Gandini 2009.
- *Ragazze la vita trema*, Paola Sangiovanni 2009.

I servizi radiofonici da cui sono tratte le conversazioni e gli incontri dell'autrice sono reperibili sul sito della Rai, Raiplay – Inviato Speciale.